전면 돌파

KB122283

영어면접

전면돌파 취업 영어면접

PREFACE

PREFACE

각 기업에서 영어면접이 차지하는 비중이 높아지면서 취업준비생들의 부담이 날로 커지고 있다. 더구나 최근 영어면접의 경우, 일상생활에서 쓰이는 간단한 회화수준의 질문에 그치지 않고 자사의 정보와 관련한 심도 있는 질문들이 쏟아져 나오기 때문에 긴장을 놓을 수 없는 것이다. 특히 외국계기업의 경우 면접의 처음부터 끝까지 영어로만 진행되는 경우가 대부분이므로 철저한 준비가 필수적이다.

본서는 그동안 각 기업에서 출제되었던 문제들의 경향을 파악하여 그것을 바탕으로 다양한 질문유형과 예시답안을 제시함으로써, 취업준비생들이 영어면접을 대비함에 있어 체계적이면서도 효과적으로 접근할 수 있도록 지침을 마련하였다.

또한 단골출제문제와 실전연습문제를 수록하여 충분한 연습을 통한 완벽한 실전대비를 꾀하였다.

Success depends on labor.
자신감을 가지고 꾸준히 노력하면 반드시 좋은 성과를 거둘 수 있을 것이다.

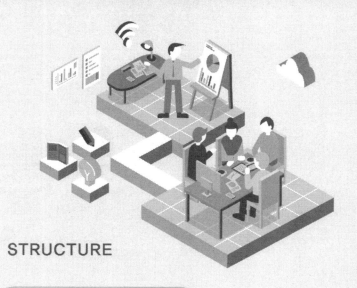

STRUCTURE

---

01 영어면접의 의미

영어면접은 국내기업이나 외국계기업이냐에 따라, 그리고 어떤 직종에 지원하느냐에 따라 조금씩 차이가 있다. 외국계기업인 경우 대개 인사담당자가 일반적인 면접을 진행하고 외국인이 어학력을 테스트하는 형태를 취한다. 국내기업이라도 면접에서 간단한 자기소개 정도는 영어로 행해지는 것이 보통이다. 자신이 원하고자 하는 회사의 특성을 파악하고 그것에 맞춰 준비해 나가며, 평소에 상대방의 질문을 잘 이해하고 대답할 수 있는 능력을 키우는 것이 무엇보다 중요하다.

02 영어면접에서의 대처방법

영어면접에서 떠오나 히한식과으 가추느 거도 보펴 즈ㅇ헤지며 이벼하

영어면접 소개
본격적인 내용에 들어가기 앞서 영어면접에 대한 취업준비생의 부담감을 덜 수 있도록 상세한 안내를 수록하였다.

---

01 자기소개에 관한 짧은 질문

Q.1

- Would you please tell us something about yourself?
- Would you please introduce yourself briefly?
- Why don't you introduce yourself, please?
- Could you tell me about yourself?
- Can you introduce yourself?
- Tell me a little about yourself, please.

영어면접 실전
영어면접에 필수적으로 등장하는 질문을 분석하여 체계적으로 정리하고, 대처요령을 제시하여 성공적인 영어면접이 될 수 있도록 구성하였다.

시사용어

- **가면현상(Imposter phenomenon)**
  사회적으로 인정받는 지위와 신분에 있는 사람이 자신은 가면을 쓰고 있다는 망상에 시달리는 현상

- **게리맨더링(Gerrymandering)**
  선거구를 특정 정당이나 후보자에게 유리하게 인위적으로 확정하는 것

- **게이트키핑(Gate keeping)**
  사회적 사건이 매스미디어를 통해 대중에게 전달되기 전에 미디어 기업 내의 각 부문에서 취사선택하고 걸러내는 것

- **경기동향지수(DI:Diffusion Index)**

부록
이슈가 되는 시사용어 및 영어좌우명 등을 수록하여 풍부한 어휘/문장 표현을 구사할 수 있게 하였다.

CONTENTS

Introduce (영어면접 소개)

Practice (영어면접 실전)

부록

INFORMATION

※ 주요 기업체 및 공사·공단 영어면접 추세

최근으로 올수록 주요 기업들의 신입직 공채 시 회화능력 테스트를 비롯한 영어면접의 비중이 점점 더 강화되는 추세이다. 지난해 한 취업포털사이트가 국내 주요 기업 수백여 개 사를 대상으로 조사한 바에 따르면 신입직 공채 시 10개 사 중 5개 사의 비율로 토익이나 토플 등 서류전형의 어학점수보다는 영어 말하기 평가로 채용 유무를 정한 것으로 나타났다.

이와 같은 상황이 지속되면서 취업을 준비하고 있는 대학생 및 구직자들에게는 앞으로도 영어면접에 대한 철저한 준비가 더욱 중요할 것으로 보인다.

영어면접은 제한된 시간 내에 영어구사능력을 평가하는 것이기 때문에 기업의 질문에 일정한 패턴이 있을 수 있으므로, 본인이 지원하는 기업과 직종을 분명히 한다면 예상 질문을 파악하여 면접을 준비할 수 있는 여지가 충분히 있다.

평소 쉬운 대화에서 영어를 반복적으로 사용해보거나, 신문이나 인터넷 등을 통하여 이슈에 대한 영어단어나 표현을 숙지해 놓는 것도 좋은 방법이 될 수 있다. 영어면접은 영문학적인 지식보다는 영어 자체의 구사능력, 즉 회화 능력을 평가하는 데 초점이 맞춰져 있는 만큼 문장을 정확하게 외우는 것보다 주요 표현을 자주 연습하여 능숙하게 다루는 것이 효과적이다.

※ 주요 기업체 및 공사·공단 영어면접 질문

㉠ 지원한 곳에 대한 사전조사

* How can we gain competitiveness of our newly launched product against our competitor?
  우리의 신제품을 경쟁사에 대응하여 어떻게 하면 경쟁력을 확보할 수 있겠습니까?

> 전략을 자신이 조사한 회사에 대한 지식을 바탕으로 최대한 구체적으로 제시해야 한다. 회사에 대한 깊이 있는 지식으로 함께 일하고자 하는 열정을 가지고 있다는 것을 보여주어야 한다.

* Could you tell us about our product line?
  우리 제품라인에 대해서 설명해 주시겠습니까?

> 제품들을 생각나는 대로 죽 나열하지 말고 계층화하여 설명하도록 한다. 이는 조직을 파악하면 쉽게 파악할 수 있는데 제품들이 어떻게 구성되어 있는지 가능하면 체계적으로 설명하도록 한다. 이러한 답변을 통하여 조직과 제품, 그리고 사업영역에 대한 이해를 하고 있다는 점을 표현하도록 한다.

* Could you tell us who we are? and what do you think about our corporate culture?

우리가 누구인지 설명해 주시겠습니까? 그리고 우리기업 문화에 대해서 어떻게 생각하십니까?

> 회사에 대해서 어떻게 생각하는지를 표현하는 데 중요한 것은 그렇게 생각하게 된 동기를 개인의 과거 경험 등을 들어 이야기한다.

ⓛ 최근 이슈가 되는 시사 상식

* How does low interest rate influence to our economy?

우리경제에 저금리는 어떠한 영향을 미치겠습니까?

> 이러한 질문은 최근 경제위기에 따른 경기침작과 관련된 질문이고 주로 금융권에서 질문된다.

* Why do you think large corporations have negative image?

대기업들이 왜 부정적인 이미지를 가지고 있다고 생각하십니까?

> 이러한 질문은 대기업들의 사회적 책임(Corporate Social Responsibility)을 통한 이미지 개선과 관련된 질문이고 대표적인 재벌 이미지를 가진 그룹의 계열사들에서 자주 질문된다. 자신이 생각하는 바를 얘기하되 지나치게 비판적인 표현은 삼가도록 한다.

* What do you think about job sharing?

잡 셰어링에 대해서 어떻게 생각하십니까?

> 이러한 질문은 노동시장과 관련된 질문으로 노조에 대한 의견을 물어보기도 한다. 이러한 유형의 질문은 균형 감각을 가지고 답변을 하는 게 좋고 회사 입장에서도 어떠한 이익이 있을지를 자신의 생각과 함께 표현한다. 자신의 주장을 뒷받침하는 사례 등을 들도록 한다.

* What strategy do you suggest for us to succeed in China market?

우리가 중국 시장에서 성공하려면 어떠한 전략을 제시하겠습니까?

> 중국 내수시장의 성장과 관련된 질문으로 주로 제조업에 종사하는 기업들에서 자주 질문된다.

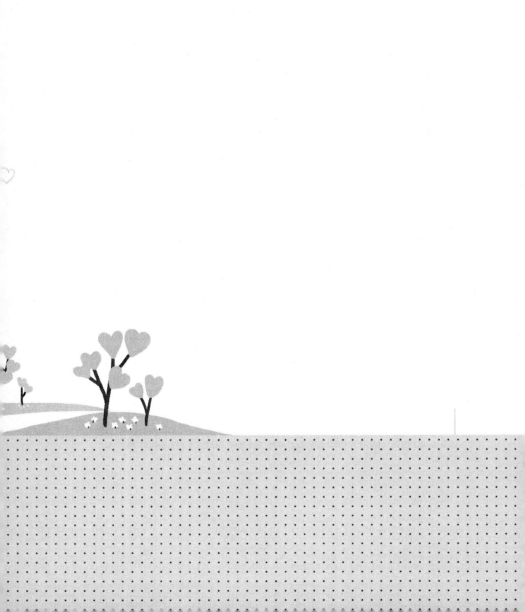

Introduce

영어면접 소개

01 영어면접의 의미

영어면접은 국내기업이냐 외국계기업이냐에 따라, 그리고 어떤 직종에 지원하느냐에 따라 조금씩 차이가 있다. 외국계기업인 경우 대개 인사담당자가 일반적인 면접을 진행하고 외국인이 어학력을 테스트하는 형태를 취한다. 국내기업이라 해도 면접에서 간단한 자기소개 정도는 영어로 행해지는 것이 보통이다. 자신이 지원하고자 하는 회사의 특성을 파악하고 그것에 맞춰 준비해 나가며, 평소에 상대방의 질문을 잘 이해하고 대답할 수 있는 능력을 키우는 것이 무엇보다 중요하다.

02 영어면접에서의 대처방법

영어면접에서 뛰어난 회화실력을 갖추는 것도 물론 중요하지만 완벽한 영어전문가를 뽑는 것이 아니므로 자신감을 가지고 적극적으로 일관성 있는 답변을 하는 것이 중요하다.

개인신상 및 기본적인 사항 외에도 최근 중요하게 다루어지고 있는 시사성 강한 문제에 대해 관심을 가지고 영자신문이나 뉴스 등을 보며 요약·정리하는 습관을 기르도록 한다.

면접에서 지나친 긴장감으로 자신의 능력을 제대로 표현하지 못하는 경우가 많은데 영어면접에서는 외국어에 대한 부담감으로 더욱 그러할 가능성이 많다. 특히 질문을 듣고서 당황하지 말고 침착하게 자신의 생각을 말하되 지나치게 장황하거나 애매한 대답은 피하는 것이 좋다.

자신의 결점을 미리 파악하고 부족한 부분을 꾸준히 연습하면 좋은 결과를 얻을 수 있을 것이다.

03 영어면접의 평가요소

1. 표현력

영어면접이라고 해서 너무 어렵고 거창하게 생각할 필요는 없다. 복잡하고 수준 은 문장을 구사하기보다는 간단하고 쉬운 단어를 사용하여 자신이 말하고자 하는 것을 간결하고 명확하게 전달하는 것이 중요하다.

2. 발표력

면접시 너무 긴장하거나 외워온 문장을 기억해내기에만 급급하다보면 억양이나 발음이 어색해질 수 있다. 평소에 입으로 소리 내어 말하는 연습을 반복하여 자연스럽고 적당한 어조로 발표하는 습관을 기르도록 한다.

3. 창의력

면접에서 자기소개나 개인신상관련 내용 등 예상되는 질문이 어느 정도 틀에 박혀 있다고는 하지만 자신만이 어필할 수 있는 포부나 좌우명 등 개성 있는 답변으로 면접관에게 신선한 인상을 주도록 노력한다.

4. 논리력

평소에 쌓아온 지식을 바탕으로 근거와 예시를 들어가며 말을 하는 것도 좋은 방법이다. 고정관념이나 편견에 치우치지 않도록 주의해야 하며 관련 용어를 적절히 사용하는 것도 효과적이다.

5. 전문지식수준

아무리 평소 회화능력이 뛰어나다 하더라도 갑작스럽게 전문분야에 관한 질문을 받으면 당황하기 쉽다. 평소에 지원 분야나 시사문제와 관련된 전문용어를 익혀두면 자신의 생각을 표현하는 데 많은 도움이 될 것이다.

면접을 통하여 지원자는 이력서상에서 표현하지 못한 자신의 개성과 주관, 추구하는 바를 생생하게 전달할 수 있는 기회를 부여받게 된다. 짧은 시간 내에, 특히 외국어로 자신이 표현하고 싶은 모든 것을 표출해내기란 쉽지 않으므로 철저한 준비를 하지 않으면 안 된다. 다음은 영어면접시험에서 기본이 되면서 가장 많이 출제되는 주요 질문들로, 제시된 사항을 바탕으로 자신의 입장에 맞게 예상답안을 작성하고 반복해서 연습하여 완전히 자신의 것으로 만들도록 하자.

1. 자기소개

   어떻게 보면 진부하다고 생각될 수 있지만 면접에서 꼭 빠지지 않는 것이 바로 자기소개이다. 영업면접의 기본 중의 기본이 되는 질문 유형으로, 자신에 대한 기본적인 사항 외에도 자신을 드러낼 만한 독창적인 요소를 알림으로써 좋은 첫인상을 남길 수 있도록 한다.

2. 성격

   자신의 장점과 단점을 분석하여 그것을 남에게 말하는 것은 지극히 어려움과 용기가 필요한 일이다. 장점은 더욱 개발하려고 노력하고 있으며, 단점은 어떻게 개선하려고 하고 있는지 또는 어떻게 개선했는지 자신의 사례를 들어가며 객관적인 입장에서 말하는 것이 좋다. 이 질문은 자신을 객관적으로 분석하는 능력이 있는가와, 지원한 분야에 대하여 적성에 맞는지, 또한 조직문화에 적합한지를 파악하기 위함이다.

3. 취미 · 특기

   최근 주 5일제가 보편화되고 다양한 스포츠 · 레저 활동이 생겨나면서 사람들의 취미생활 또한 풍부해졌다. 자신의 재능과 끼를 표현할 수 있는 취미와 특기를 자신 있게 소개한다.

4. 성장배경 · 인생관

성장배경에 관한 질문은 자라오면서 어떤 상황에 처했었고 그 상황을 어떻게 해결했는지, 또한 살아오면서 대인관계는 어땠는지 등을 파악하기 위함이고, 인생관에 대해서는 자신의 꿈과 포부 등을 전공 및 지원 분야와 연관 지어 얘기하는 것이 좋다.

5. 업무능력

면접관은 구체적인 상황을 예로 들어 제시함으로써 지원자의 상황대처능력과 업무해결능력 등을 파악하고자 한다. 다소 추상적인 답변보다는 구체적으로 업무에 어떤 도움이 될 수 있는지 자신의 특기를 살려 면접관에게 어필하도록 한다.

6. 지원동기 · 직업관

가장 예상하기 쉬우나 가장 중요하고 본질적인 질문이라 할 수 있다. 단순히 직업의 안정성이나 비전에 관해 언급하기보다는 자신이 이 직업을 택함으로써 어떤 장점을 살릴 수 있는지 등을 설득력 있게 말하는 것이 중요하다.

05 영어면접 시 갖추어야 할 자세

1. Communication

면접관과 지원자의 관계라 해도 면접은 일종의 대화라고 할 수 있다. 예상문제를 준비하고 반복해서 연습하는 것도 중요하지만 너무 암기했다는 인상을 주는 것은 분위기를 어색하고 부자연스럽게 할 수 있다. 단답형의 너무 짧은 대답 역시 마이너스가 될 수 있다. 평소 공부하고 연습한 것을 자신의 것으로 만들도록 노력하고, 설사 준비하지 못한 질문을 받았다 하더라도 당황하지 말고 질문자의 의도를 정확히 파악하여 자신의 생각을 확신 있는 어조로 말하면 된다.

2. Personality

예상되는 질문에 따라 준비하고 연습하다 보면 틀에 박힌 내용에만 치중하는 경우가 있다. 기본적인 사항을 제외하고는 자신의 개성을 살릴 수 있는 방법을 모색해야 한다. 면접관은 여러 사람을 상대하기 때문에 다소 식상한 답변으로는 좋은 인상을 남기기 어렵다. 따라서 자신만이 내세울 수 있는 개성을 발휘하되, 지나치게 튄다는 인상보다는 다른 사람과의 조화 속에서 자신의 장점이 어떤 면에서 부각될 수 있는지를 알리는 것이 적극성을 표현하는 데도 도움이 된다.

3. Knowledge

간단한 자기소개나 생활영어 위주의 공부를 하는 것도 중요하나 기업관련 뉴스나 시사상식에 대해 공부하는 것도 소홀히 해서는 안 된다. 자신이 지원하고자 하는 분야나 전공과 관련된 단어 및 용어를 숙지해 두는 것 또한 영어면접을 준비하는 데 있어 중요한 과정이라 할 수 있다. 영어면접에서 질문은 우리말로 하고 대답을 영어로 하거나 제시한 문장의 영작을 요하는 경우가 있는데, 이에 대비하기 위해 우리말을 영어로 옮기는 연습을 하는 것도 좋은 방법 중의 하나이다. 물론 이렇게 자신의 생각을 표현하기 위해서는 평소 서적이나 인터넷 등 다양한 경로를 통해 상식을 쌓아놓는 것이 무엇보다 중요하다고 할 수 있다.

4. Self-confidence

아무리 뛰어난 어학실력을 갖추었다 해도 자신의 생각을 거침없이 영어로 표현하기란 그리 쉬운 일이 아니다. 영어에 자신이 없다고 해서 기죽지 말자. 영어면접이라고 해서 단순히 어학능력만을 평가한다고 생각하면 안 된다. 자신의 능력 범위 안에서 당당하게 표현하는 것이 무엇보다 중요하다. 너무 어려운 단어는 가급적 사용하지 말고 쉬운 단어를 사용하여 자신감을 가지고 자신의 생각을 소신 있게 말하도록 한다. 시선을 마주치고 입가에 약간의 미소를 띠는 것도 자신감을 표현하는 데 도움이 된다.

5. Enthusiasm

면접에 임할 때에는 항상 진취적이고 적극적인 자세를 갖추는 것이 중요하다. 그러기 위해서는 자신의 장점은 최대한 부각시키고 단점에 대해서도 솔직히 인정하여 개선하고 보완하려는 의지를 나타내는 등 긍정적인 모습을 보여주는 것이 좋다. 열정적이고 패기 있는 모습은 보는 사람으로 하여금 일을 맡길 수 있다는 신뢰감이 생기게 할 수 있는 것이다. 취미나 특기 등을 말할 때에도 정적이고 소극적인 것보다는 활동적이고 적극적인 면을 요하는 것을 말하도록 한다. 단, 지나치게 외향적인 표현은 성실성 및 인내심에 대한 의심을 불러일으킬 수 있으므로 일에 대한 집중능력이나 자신의 적응능력 및 유연성 등 일에 대한 끈기와 책임감에 대해 강조하는 것도 필요하다.

6. Sincerity

어떤 기업체를 막론하고 인재를 채용함에 있어 능력 못지않게 중시하는 것이 바로 성실성이다. 우선 면접에 앞서 시간약속을 엄수하자. 면접에 있어서는 질문하는 사항에 대해 얼버무리거나 부풀리지 말고 아는 범위에서 정직하고 성실하게 답변하도록 한다. 혹시 면접 도중 단어가 갑자기 생각나지 않는다거나 말이 헛나왔다고 해서 체념하거나 포기하지 말자. 끝까지 최선을 다하여 노력하는 모습을 보여준다면 좋은 성과가 있을 것이다.

01

자기소개에 관한
짧은 질문

LESSON

 01 ─── 자기소개에 관한 짧은 질문

 Q.1

• Would you please tell us something about yourself?
• Would you please introduce yourself briefly?
• Why don't you introduce yourself, please?
• Could you tell me about yourself?
• Can you introduce yourself?
• Tell me a little about yourself, please.

Tip 자기소개에 관한 질문 대처요령

자기소개는 반드시 출제되는 질문이다. 자칫 진부해질 수 있는 소재로는 면접관의 관심을 끌 수 없기 때문에 자신의 장점과 특이사항을 확실히 알릴 수 있는 답변을 준비하여 좋은 첫인상을 남기도록 한다. 자기소개는 크게 네 부분(자기소개, 가족소개, 개인취향, 개인성격)으로 나눌 수 있으나 반드시 지켜야만 하는 것은 아니다. 특히 자신이 강조하고 싶거나 보충설명하고 싶은 부분이 있으면 좀 더 길게 설명해도 무방하다.

 Q

• 자신에 대해 우리에게 설명해 줄 수 있나요?
• 자신을 간략하게 소개해 볼까요?
• 자신을 소개해 보시겠어요?
• 자신에 대해 설명할 수 있나요?
• 자신을 소개해 볼 수 있나요?
• 자신에 대해 간단하게 말해 보세요.

 MEMO

My name is Sim Hongsu. I am 25 years of age, and I'm not married yet. I was born in Gwangju, and I had lived there until I entered Hanguk University in Seoul, in the department of mass communication.

제 이름은 심홍수입니다. 저는 스물다섯 살이고, 아직 미혼입니다. 광주에서 태어났으며, 서울에 있는 한국대학교 신문방송학과에 입학하기 전까지 거기에서 살았습니다.

My major in university was psychology. You might think that my major sounds somewhat inappropriate for the job I'm now applying for. But I think that psychology can be widely used in service field, because from the beginning to the end of service, it is very important to find out what people really have in their mind and heart.

대학에서의 제 전공은 심리학입니다. 심리학이 제가 지원하는 일에 다소 부적합하다고 생각하실 수도 있을 것입니다. 그러나 제 생각에는 심리학이 서비스 분야에 널리 쓰일 수 있다고 생각합니다. 왜냐하면, 서비스 업무의 시작과 끝이 사람들의 마음속에 진정으로 생각하고 있는 것이 무엇인지 알아내는 것이 매우 중요한 일이기 때문입니다.

memo

Grown up in a Christian family, I was born as the younger daughter with an elder brother. I was raised by my parents that are the picture of diligence and frugality. Following my father's saying, "Don't be excessive or insufficient", has helped me a lot to have a generous mind and seek for comfort and richness of mind.

독실한 기독교 가정에서 자란 저는 위로 오빠가 하나있는 막내로 태어났습니다. 평소 근검을 몸소 실천하시는 부모님을 보며 성장하였습니다. "넘치지도 부족하지도 말라"는 아버지의 말씀은 제가 관대한 마음과 편안하고 풍요로운 마음을 가질 수 있도록 하는 데 많은 도움이 되었습니다.

I am the baby of the family, and I have an elder brother. My father has been running a taxi cab company since I was five years old. My mother has stayed at home almost all the time to do housework and to take care of us.

저는 집안에서 막내이며, 형이 하나 있습니다. 제 아버지는 제가 다섯 살 먹었을 때부터 택시회사를 운영하고 계십니다. 어머니는 집안일을 하시면서 저희를 돌보시느라 지금까지 거의 대부분의 시간을 집에 계셨습니다.

A

My name is Yun, Sojeong. I am 23 years old and live in Gaepo-dong, Seoul. I come from a large family : there are grandfather, parents and two sisters. My father is an architect and he has been working for a company for 25 years. My sisters are all students. I am not married yet and have no plans of getting married in the near future. I mix and get along well with others. My friends say that I am a very likeable person. I have studied hard to get the knowledge, skills and attitude needed for becoming a successful career woman.

A

제 이름은 윤소정입니다. 23살이고 서울 개포동에 살고 있습니다. 저희 집은 대가족으로 할아버지와 부모님, 그리고 언니 두 명이 있습니다. 제 아버지는 건축가이시고 25년 동안 회사에 다니셨습니다. 제 언니들은 모두 학생입니다. 저는 아직 미혼이며, 당분간 결혼할 계획이 없습니다. 저는 다른 사람들과 잘 어울립니다. 제 친구들은 제가 매우 호감이 가는 사람이라고 합니다. 저는 성공적인 직업여성이 되기 위해 필요한 지식, 기술과 태도 등을 익히려고 열심히 공부해 왔습니다.

A

Graduated from the college of Law, Mirae University, I served as an officer of ROK Air-Force for 3 years and 4 months for my military service. I have affirmative and challenging view of life, and have good relationship with people, which might result from my lively character. I like creative and analytical business, have strong responsibility on my work and the organization.

A

저는 미래대학교 법과대학을 졸업하고 공군 장교로서 3년 4개월간 복무하였습니다. 긍정적이고 도전적인 가치관을 가지고 있으며, 활달한 성격으로 대인 관계가 원만합니다. 창의적이고 분석적인 업무를 좋아하고, 업무와 조직에 대한 책임감이 강한 편입니다.

My name is Jeong Miran. I am twenty four years old. I live in Daebang-dong, Seoul. I like to listen to the radio and go to the movies. I also like sports, especially badminton. I can play the piano and speak English and Chinese well. I am fairly outgoing.

제 이름은 정미란입니다. 저는 스물네살입니다. 서울 대방동에 살고 있습니다. 저는 라디오 듣는 것과 영화보는 것을 좋아합니다. 또한 스포츠를 좋아하는데, 특히 배드민턴을 좋아합니다. 저는 피아노를 칠 수 있으며, 영어와 중국어를 할 수 있습니다. 제 성격은 외향적인 편입니다.

As a man who majored in the international business, I myself try to find my work rather than doing the works given to me. Because I like thinking creative ideas and get used to alway doing everyhing thoroughly at the same time, I am convinced that I can work as a marketer better than any other else.

국제경영학을 전공한 한 사람으로서, 주어진 일에만 충실하기보다는 필요한 일을 스스로 찾아 하려고 노력하는 편입니다. 창의적인 사고를 하는 것을 좋아하면서도 항상 일을 철저하게 하는 습관이 들었기 때문에 어느 누구보다 마케팅 담당자로서 잘 해낼 수 있다고 확신합니다.

memo

My name is Jo Sangjin. I graduated from Sojeong University and my major is business management. Then I joined H trading company for 2 years as trade staff, mainly touched with exportation of woven goods to Japan. I like to cooperate with everybody else, and get the job done by working together. I consider myself a friendly person. My communication skills make me an excellent candidate for this job.

저는 조상진이라고 합니다. 소정대학교 경제학과를 졸업하였고, H무역회사에 취직해서 2년간 주로 일본으로 나가는 직물 수출을 담당하였습니다. 저는 동료들과 다같이 협력해서 함께 일하는 것을 좋아합니다. 저는 우호적인 사람이라고 생각합니다. 저의 대화 솜씨야말로 이 일에 매우 적격이라고 생각합니다.

My name is Hwang Jihun. I spent high school life in Daejeon and now I live in Dae-gu. I graduated from Seowon University and I majored in environmental engineering. I enjoy listening to music and playing computer games. I have a strong sense of responsibility, work hard and devotedly.

제 이름은 황지훈입니다. 저는 대전에서 고등학교를 다녔으며 지금은 대구에서 살고 있습니다. 서원대학교를 졸업하였으며 환경공학을 전공하였습니다. 음악듣기와 컴퓨터 게임하는 것을 좋아합니다. 저는 책임감이 강하며 성실하고 헌신적으로 일합니다.

 MEMO

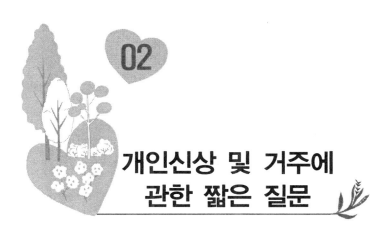

02

개인신상 및 거주에 관한 짧은 질문

02 ── 개인신상 및 거주에 관한 짧은 질문

• Who named you?

 자기소개에 관한 질문 대처요령

자기소개를 특별히 요구하지 않고 면접관이 간단한 질문을 통해 응시자에 대해 하나씩 알아가는 과정의 질문형태로 예상되는 질문에 대한 답과 자기소개를 충분히 준비한다면 큰 어려움 없이 해결해 나갈 수 있을 것이다.

My maternal grandfather did. Actually, he went to a professional name-maker for consultation.

이름은 누가 지어주었습니까?

저희 외할아버지께서 지어주셨습니다. 사실 엄연히 말하면, 외할아버지께서 전문적으로 이름 짓는 사람에게 가셔서 자문을 구하신 것입니다.

 мємо

Q.2

• Have you ever experienced any inconveniences because you are too tall?

A

Yes, I have. I feel uncomfortable when I get in cars or taxis. They are a bit too small for me, and my head almost touches the ceiling of the car.

Q

당신은 키가 너무 커서 불편함을 느낀 적이 있었습니까?

A

예, 있었습니다. 승용차나 택시를 탈 때 불편함을 느낍니다. 차가 저한테는 너무 작아서 제 머리가 차의 천장에 거의 닿거든요.

Q.3

• When were you born?
• What is your date of birth?

A

I was born on October 19th, 1981.

Q

• 당신은 언제 태어났습니까?
• 당신의 생일은 몇 일입니까?

A

저는 1981년 10월 19일에 태어났습니다.

Q.4

• When did you start wearing glasses?

A

I began wearing them when I was in my first year at middle school.

Q

당신은 언제부터 안경을 쓰기 시작했습니까?

A

저는 중학교 1학년 때부터 안경을 쓰기 시작했습니다.

Q.5

• Do you have good eyesight?

A

Yes, I have twenty-twenty vision. So I don't wear glasses or contact lenses.

Q

당신은 시력이 좋습니까?

A

예, 저는 시력이 아주 좋습니다. 그래서 안경이나 콘택트렌즈를 착용하지 않습니다.

memo

Q.6

• You have long hair. Do you prefer that style?

A

Yes, I do. I have liked this style since I was young. This time, I began to let it grow out two years ago. Now I feel more like a lady with my long hair.

Q

머리가 긴데, 그런 스타일을 선호하시나요?

A

예, 그렇습니다. 저는 어렸을 때부터 이 스타일을 좋아했습니다. 이번에는 약 2년 전부터 머리를 기르기 시작했습니다. 지금 저는 긴 머리를 함으로써 제가 좀 더 숙녀처럼 느껴집니다.

 mEmo

Q.7

• I can see that you are going bald. How do you feel about that?

A

I feel embarrassed when people seem to think I look older than I am. But I am trying not to pay too much attention to that. I think good health is more important than appearance. Actually, I heard that baldness is evidence of good stamina.

Q

머리가 빠지고 있는 것 같은데, 그것에 대해서 어떻게 생각하십니까?

A

사람들이 제가 실제보다 더 늙어 보인다고 생각하는 것처럼 보일 때 당황스럽습니다. 하지만 그 점에 대해서는 너무 신경 쓰지 않으려고 노력합니다. 건강이 외모보다 더 중요하다고 생각하니까요. 실제로, 대머리가 정력의 상징이라는 말을 들었습니다.

Q.8

• Do you have confidence in your appearance?

A

I don't think I'm very handsome. But I am glad when I hear from other people that my appearance makes me look very trustworthy. I believe this will help me in meeting many different kinds of people.

Q 당신은 외모에 자신이 있나요?

A 잘생겼다고는 생각하지 않습니다. 하지만 제 외모가 큰 신뢰감을 준다는 말을 들으면 기분이 좋습니다. 저는 이 점이 제가 여러 부류의 사람들을 만나는 데 큰 도움이 될 것이라고 믿습니다.

Q.9

• You have very short hair. Is there any special reason for that?

A I had a very short haircut several days ago, to help make up my mind as an office worker.

Q 머리가 아주 짧은데, 특별한 이유라도 있나요?

A 직장인으로서 마음을 가다듬기 위해 며칠 전에 머리를 짧게 잘랐습니다.

memo

Q.10

• What do you consider as your weakness of your appearance?

A

I have smile wrinkles around my eyes. I don't like them but people say they're pretty. So I try not to worry about them.

Q

자신의 외모의 단점은 무엇이라고 생각합니까?

A

저는 눈 주위에 웃음주름이 있습니다. 저는 좋아하지 않지만 사람들은 예쁘다고 말합니다. 그래서 그것에 대해 신경 쓰지 않으려고 노력합니다.

Q.11

• What do you think about your appearance?

A

I think that my face looks humorous. So when I hear someone says that my appearance makes him or her cheerful, I'm very happy about that.

Q

당신의 외모에 대해 어떻게 생각하십니까?

A

저는 제 얼굴이 재미있게 생겼다고 생각합니다. 그래서 다른 사람들로부터 제 모습이 기분을 좋게 해 준다는 말을 들으면 행복합니다.

Q.12

• Are you satisfied with your appearance?

 A

Yes, I am. I don't have any dissatisfactions with my appearance. My friends say I always look bright and confident. So I'm pleased with my appearance.

 Q

자신의 외모에 만족하십니까?

A

네, 그렇습니다. 저는 제 외모에 특별히 불만이 없습니다. 친구들은 제게 항상 밝고 자신감 있어 보인다고 말합니다. 그래서 저는 제 외모가 만족스럽습니다.

 memo

Q.13

- Where do you live?
- What is your present address?

Tip 거주에 관한 질문 대처요령

자신의 주변에 대한 질문과 답변은 미리 준비해 놓는 것이 좋다. 특히 출생지 및 거주지에 대한 질문에는 단순하게 지역의 이름만을 말하기보다는 그 지역의 장점이나 특색을 곁들여 언급하는 것이 효과적이다.

A

I lived in Jeju-do until I graduated from high school. And then, my whole family moved to Seoul as I entered university. We have lived in Seoul since then.

Q

- 당신은 어디에 살고 있습니까?
- 당신의 현재 주소는 무엇입니까?

A

저는 고등학교를 졸업할 때까지 제주도에서 살았습니다. 그리고 나서 제가 대학교에 입학했을 때 저희 가족 전체가 서울로 이사하였습니다. 우리는 그때부터 서울에서 살고 있습니다.

🏢 **MEMO**

I was born in Seoul. However, 5 years ago, my family moved to Bucheon so I live in there now. Bucheon is very good place to live in. There are lots of parks and malls. The traffic is also convenient. Moreover, people who live in Bucheon are very nice.

저는 서울에서 태어났습니다. 그러나 5년 전, 저희 가족은 부천으로 이사를 해서 지금은 그곳에서 살고 있습니다. 부천은 살기 좋은 곳입니다. 많은 공원과 쇼핑몰이 있습니다. 또한 교통편도 편리합니다. 게다가 부천에 사는 사람들은 친절합니다.

Q.14

- Where were you born?
- Where is your birth place?

I was born in Cheongju-si, Chungcheong-do.

- 당신은 어디에서 태어났습니까?
- 당신의 출생지는 어디인가요?

저는 충청도 청주시에서 태어났습니다.

 memo

Q.15

- Where are you from?
- Where is your hometown?

A

I'm from Chuncheon, Gangwon-do.

Q

- 당신은 어디에서 태어났습니까?
- 당신의 출생지는 어디인가요?

A

저는 강원도 춘천에서 왔습니다.

Q.16

- Would you prefer to live in an apartment or a single-family detached house?

A

I prefer living in an apartment, because of the tighter security and convenience.

Q

당신은 아파트에서 사는 것이 더 좋습니까, 아니면 단독주택에서 사는 것이 더 좋습니까?

A

더 안전하고 편리하기 때문에, 저는 아파트에서 사는 쪽을 선호합니다.

Q.17

• What kind of house do you live in, an apartment or a traditional house?

 A

I live in a detached house. But I lived in an apartment until 5 months ago.

 Q

당신이 살고 있는 집은 어떤 형태인가요? 아파트인가요, 아니면 전통가옥인가요?

A

현재 저는 단독주택에 살고 있습니다. 하지만 5개월 전까지는 아파트에 살았습니다.

memo

Q.18

• You have never lived in a rural area, right?

 A

No, I haven't. But I used to visit my relatives who live in the countryside during summer and winter vacations. I also did volunteer works for rural areas when I was an undergraduate. So I think I know better about rural life. Actually, I want to live in a countryside after my retirement.

 Q

시골에서 사셨던 적은 없군요. 그렇지요?

A

예, 그렇습니다. 하지만 여름방학이나 겨울방학 때마다 시골에 계신 친척들을 찾아뵙곤 했습니다. 게다가, 대학시절에는 농촌 자원봉사활동에도 참가했습니다. 따라서 저는 시골생활에 대해 비교적 잘 알고 있다고 생각합니다. 사실 저는 은퇴한 후에 시골에서 살고 싶습니다.

 memo

Q.19

• How large is your house?

A

It's about thirty Pyeong, which is roughly 1,000 square feet. It has two bedrooms, a bathroom, and a living room.

Q

집의 크기가 어느 정도 됩니까?

A

약 30평 정도 되는데 대략 1,000평방피트 정도 되는 셈입니다. 침실이 두 개, 욕실이 하나, 그리고 거실이 있습니다.

 MEMO

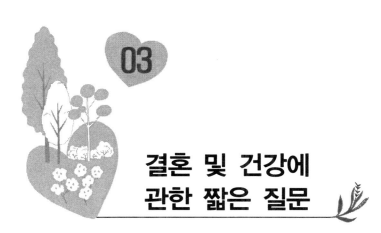

결혼 및 건강에
관한 짧은 질문

03

SSON

03 ─ 결혼 및 건강에 관한 짧은 질문

Q.1

• Are you married yet?

Tip 자기소개에 관한 질문 대처요령

과거에는 인재채용 시 기혼자를 기피하는 경향이 많았지만 지금은 능력이 우선시되는
사회이다. 자신의 결혼관과 이성관을 주어진 질문에 맞게 이야기하자.

No, I am not. But I will get married as soon as I meet a decent man
of my type.

결혼은 하셨나요?

아직 안했습니다. 하지만 제 이상형과 맞는 남성을 만난다면 당장이라도 할 것입니다.

🏛 memo

Q.2

• When did you get married?

I got married about two years ago. I was somewhat pressured to, because I am the only son in my family and thus my father insisted that I get married early.

Q

결혼은 언제 했습니까?

A

결혼은 약 2년 전에 했습니다. 그렇게 하도록 다소 압력을 받았는데요. 제가 독자이기 때문에 아버지께서 일찍 결혼하기를 굉장히 바라셨습니다.

 MEMO

I'm married and I have a two-year-old daughter. I got married a little bit earlier than others because my father, who was lying ill in bed of liver cancer three years ago eagerly wanted to have a grandson before he passed away. So I got married and had a baby. People say that married men are usually more responsible, much more patient and work harder than singles. In other words, we could be very stable, and it will surely help you with setting up your personnel management policy, and save your time, money and energy spent in recruiting new employees by hiring more of the stable ones.

저는 결혼을 했으며 두 살 난 딸 하나를 두고 있습니다. 저는 남들보다 조금 일찍 결혼했는데, 그 이유는 제 아버지께서 3년 전에 간암에 걸리셔서 병석에 누워 계셨는데, 돌아가시기 전에 손자를 보기를 간절히 원하셨습니다. 그래서 결혼했고 아기를 낳았습니다. 사람들은 기혼자들이 미혼자들보다 통상적으로 책임감과 인내심이 강하고 더 열심히 일한다고 합니다. 다시 말해서, 기혼자들은 안정적이므로 안정적인 기혼자들을 더 많이 채용함으로써 기관의 인력운용계획을 수립하기가 훨씬 수월해지고 선발하는 데 드는 시간과 비용, 그리고 자원을 절약할 수 있게 될 것이라고 믿습니다.

memo

Q.3

• What are you going to do after you get married?

A

I'd like to work continuously as ever. I hope to make my work a life time job. So, although I get married, I will find a way to continue my work.

Q

결혼을 하면 어떻게 하실 생각입니까?

A

변함없이 계속 일을 하고 싶습니다. 저는 일을 제 평생의 업으로 삼고 싶습니다. 그래서 결혼을 한다 하더라도, 저는 일을 계속 할 방법을 찾을 것입니다.

Q.4

• Are you going to work after marriage?

A

Of course I am. My job is not just for making money before marriage but my ego coming true. So I will obviously work after marriage.

Q

결혼 후에도 계속 일하실 계획입니까?

A

물론입니다. 직장은 단순히 결혼 전에 잠깐 돈이나 버는 곳이 아니라 제 자아실현을 하는 곳입니다. 그러므로 당연히 결혼 후에도 일을 할 것입니다.

Q.5

• Do you have a girlfriend? If so, how long have you been dating her?

A

Yes, I have a girlfriend. I have been going out with her for about three years. We are planning to get engaged early next year.

Q

여자친구가 있습니까? 있다면, 얼마 동안이나 교제를 해왔습니까?

A

예, 여자친구가 있습니다. 그녀와는 약 3년 동안 교제를 해오고 있습니다. 우리는 내년 초에 약혼을 할 예정입니다.

Q.6

• Do you have a boyfriend? If so, how often do you go out on a date with him?

A

Yes, I have. We are the same age. He is very open-minded and humorous. We go out on a date twice a week. Usually we go to Myeong-dong. It's a great place to go shopping.

Q

남자친구가 있습니까? 있다면, 얼마나 자주 만나십니까?

A

네, 있습니다. 우리는 동갑입니다. 그는 성격이 매우 개방적이며 유머러스합니다. 우리는 일주일에 두 번 정도 만납니다. 우리는 대개 명동에 같이 갑니다. 그곳은 쇼핑하기에 아주 좋은 장소입니다.

Q.7

• How is your health?

 자기소개에 관한 질문 대처요령

건강한 인재를 채용하고 싶은 마음은 어느 면접관이나 똑같다 해도 과언이 아니다. 업무에 임하기에 앞서서 건강은 절대 소홀히 할 수 없는 기본적인 요소이기 때문이다. 거창한 운동이나 스포츠를 거론하는 것도 나쁘지 않지만 일상생활에서 쉽게 할 수 있는 가벼운 몸관리에 대해 언급함으로써 작은 것부터라도 건강관리를 게을리 하지 않는다는 인상을 심어주는 것 또한 좋은 방법이다.

I am mostly healthy except that I get a cold about once a year. I have never been hospitalized so far. I usually get up early in the morning, and go to bed around ten o'clock. I sleep very soundly. I eat well, and play sports regularly such as jogging or squash.

 mEmo

Q

당신의 건강은 어떻습니까?

A

저는 1년에 한 번 정도 감기에 걸리는 것을 제외하고는 대체로 건강합니다. 저는 지금까지 단 한 번도 병원에 입원한 적이 없습니다. 저는 보통 아침에 일찍 일어나고, 10시쯤에 잠자리에 듭니다. 잠도 푹 잡니다. 저는 식사도 잘 하고 조깅이나 스쿼시 같은 운동을 규칙적으로 합니다.

A

I have always been in good health. Because I run or play tennis every morning.

A

저는 항상 건강상태가 양호합니다. 매일 아침 달리기나 테니스 같은 운동을 하기 때문입니다.

Q.8

• What do you do to stay healthy?

A

I eat properly. I wake up and go to bed early. I jog in the morning, and I play tennis every evening.

Q

당신은 건강을 유지하기 위해 무엇을 합니까?

A

저는 적당히 잘 먹습니다. 또 일찍 일어나고 일찍 잡니다. 아침에는 천천히 걷기를 하고, 저녁마다 테니스를 칩니다.

A

I always try to get enough exercise. I go to the playground for stretching everyday.

A

저는 항상 충분한 운동을 하려고 노력합니다. 매일 스트레칭을 하기 위해 운동장에 갑니다.

A

I try to walk as much as possible in my daily life.

A

저는 평소에 가능한 한 많이 걸으려고 노력합니다.

A

In any case, I have breakfast.

A

어떤 경우에도 아침밥은 챙겨 먹습니다.

🏢 memo

Q.9

• Have you ever been hospitalized?

Just once. It was when I was ten years old. I had typhlitis, and I had to spend four nights in the hospital. After then, I have never stayed in the hospital overnight.

당신은 병원에 입원한 적이 있습니까?

딱 한 번 있습니다. 제가 열 살 때인데요. 맹장염에 걸려서 4일 동안 병원에서 지내야 했습니다. 그 이후로는 한 번도 병원에서 밤을 지새운 적이 없습니다.

Q.10

• Do you have any chronic diseases?

I don't have any, but I am allergic to peach and I have to be careful about what I eat.

어떤 만성질환도 없습니까?

만성질환은 없지만, 복숭아 알레르기가 있어서 먹는 것에 각별히 신경을 써야 합니다.

Q.11

• Have you had any serious illness?

A

I was quite invalid years ago. But I've never been sick since I started swimming three years ago.

Q

당신은 심하게 앓아본 적이 있습니까?

A

저는 몇 년 전만 해도 아주 약했습니다. 그러나 3년 전 수영을 시작하면서부터 단 한 번도 아파본 적이 없습니다.

 memo

Q.12

• Do you smoke/drink?

 술과 담배에 관한 질문 대처요령

최근 기업들이 직원들의 건강관리를 중시하고, 또 직장 내 흡연을 금지하는 등 술과 담배에 관한 질문도 빠질 수 없는 항목이다. 술과 담배에 대한 생각은 사람마다 의견이 다르기 때문에 자신의 입장을 말하되 편견을 표현하는 것은 좋지 않다. 가능한 한 적당량을 즐긴다는 대답이 무난할 것으로 본다.

Yes, I do. But I never have a or two glasses of beer. So I think I'm a social drinker.

당신은 술/담배를 하십니까?

예, 그렇습니다. 하지만 결코 맥주 한두 잔 이상은 하지 않기 때문에 사교적인 음주가라고 할 수 있습니다.

🏫 **memo**

I enjoy smoking. I smoke about a pack a day. If I'm nervous, I smoke more, though.

저는 담배를 피웁니다. 하루에 한 갑 정도 피우지만, 불안할 때는 더 피웁니다.

I barely reject drinking because I can drink well to some extent. Maybe I like it.

어느 정도는 마실 수 있기 때문에 별로 거절하지는 않습니다. 아마도 좋아한다고 봐야 겠죠.

Q.13

• Do you drink? How much do you drink?

I can't drink a lot but I like the relaxed atmosphere being people. And I like drinking cocktails with people.

술을 드십니까? 주량이 얼마나 됩니까?

술을 많이 마시지는 못하지만 사람들과 어울리는 편안한 분위기를 좋아합니다. 그리고 사람들과 칵테일을 마시는 것을 좋아합니다.

Half of a bottle of Soju. And I have a principle that I never drink as much as I can do others harm.

소주 반 병 정도입니다. 그리고 저는 다른 사람에게 피해를 줄 만큼 많이 마시지 않는 것을 원칙으로 삼고 있습니다.

I drink moderately. I like the atmosphere that I can enjoy myself with my friends.

제 주량은 보통입니다. 저는 친구들과 함께하는 즐거운 분위기를 좋아합니다.

Q.14

• When did you begin drinking alcohol?

A

I started drinking after I entered college. I didn't drink a bit before then.

Q

언제부터 술을 마시기 시작했습니까?

A

대학에 들어가고 나서 마시기 시작했습니다. 그 전에는 조금도 마시지 않았습니다.

memo

Q.15

• What do you think of excessive drinking?

A

I think it is unwise to drink more than one can handle. If drunk, one could easily make mistakes that he or she might regret later.

Q

지나친 음주에 대해 어떻게 생각하십니까?

A

자신이 감당할 수 있는 이상으로 마시는 것은 현명하지 못하다고 생각합니다. 술에 취하면 실수를 하기 쉬우므로 나중에 누구라도 후회하게 될 것입니다.

Q.16

• What do you think of driving while intoxicated?

A

I think people should remind themselves that it's a criminal act. We shouldn't drink and drive, because it puts other people's lives at the risk, not to mention the driver's own life.

Q

당신은 취한 상태에서 운전하는 것에 대해 어떻게 생각하십니까?

A

사람들은 음주운전이 범죄행위라는 사실을 다시 한 번 상기해야만 합니다. 운전자 자신은 말할 것도 없이 다른 사람의 생명까지 위험에 빠뜨리는 것이므로 술을 마시고 운전해서는 안 됩니다.

Q.17

* Have you ever made serious mistakes while you were drunk?

A

No, I haven't. I don't drink more than I can manage.

Q

당신은 술에 취한 상태에서 심각한 실수를 저지른 적이 있습니까?

A

그런 적은 없습니다. 저는 제가 마실 수 있는 만큼보다 많이 마시지 않습니다.

 Q.18

* What do you think of smoking?

A

I already quit smoking last year. I think we should view it as a matter of personal choice, and leave it up to the individual. But smoking will surely assist developing such deadly afflictions as heart disease and cancer.

Q

당신은 흡연에 대해서 어떻게 생각하십니까?

A

저는 작년에 이미 담배를 끊었습니다. 그것은 개인이 선택할 문제로 봐야 하며, 각 개인에게 맡겨둬야 한다고 생각합니다. 그러나 흡연은 심장병이나 암과 같은 치명적인 질병을 유발할 것이라는 것은 확실합니다.

Q.19

• Have you ever tried to stop smoking?

A

Yes, I have. But I have never tired it earnestly. I am planning to give up smoking when I become thirty.

Q

담배를 끊기 위해 노력해 본 적이 있습니까?

A

예, 그렇습니다. 하지만 진지하게 노력해 본 적은 없습니다. 저는 30살이 되면 담배를 끊을 계획입니다.

Q.20

• What do you think of women smoking?

A

I don't mind whether a woman smokes. But if a friend of mine smokes, I will try to persuade her not to do. Because smoking has a bad effect on her health and other person's as well.

Q

여성이 담배피우는 것에 대해 어떻게 생각합니까?

A

저는 여성이 담배피우는 것에 대해 나쁘게 생각하지 않습니다. 하지만 제 친구가 담배를 피운다면 담배를 끊도록 설득하겠습니다. 왜냐하면 흡연은 자신과 다른 사람의 건강에 나쁜 영향을 주기 때문입니다.

• Which do you think more harmful to our health; drinking of smoking?

I think smoking is much more harmful than drinking, unless one becomes an alcoholic.

Q

당신은 음주와 흡연 중 어느 것이 더 건강에 나쁘다고 생각합니까?

A

알코올중독자만 되지 않는다면, 음주보다는 흡연이 훨씬 해롭다고 생각합니다.

🏛 **memo**

가족에 관한
짧은 질문

04 —— 가족에 관한 짧은 질문

Q.1

- How large is your family?
- How many are there in your family?
- How many members are in your family?
- Would you tell me about you family
- Could you let me know about your family members?

 가족에 관한 질문 대처요령

가족에 관한 질문은 단순히 가족이 수를 알기 위해서라기 보다는 그에 다른 부수적인 사항을 묻기 위한 구실이라 할 수 있다. 가족구성원이나 부모, 형제와의 관계 등을 물어봄으로써, 지원자의 가정환경이나 성격적 측면을 엿보고자 하는 것이다. 화목한 가정생활의 일면이나 평소 부모님의 가르침 등을 소개할 수 있는 소재를 미리 준비해 두자.

A

There are five members in my family. I live with my parents and two sisters. I'm the youngest.

 MEMO

Q
• 가족이 몇 명입니까?
• 당신의 가족은 몇 명이나 있습니까?
• 당신의 가족구성원은 어떻게 됩니까?
• 당신의 가족에 대해 말해주시겠습니까?
• 당신의 가족구성원에 대해 말해주시겠습니까?

A
저희 가족은 다섯 명입니다. 저는 부모님 그리고 두 언니들과 함께 살고 있습니다. 저는 막내입니다.

A
There are three people in my family. My father, younger sister, and me. My mother passed away when I was young.

A
저희 가족은 모두 세 명입니다. 아버지와 여동생 그리고 저입니다. 어머니는 제가 어렸을 때 돌아가셨습니다.

memo

Q.2

- What is your father's job?
- What does your father do?

He is a mechanic. He is the man whom I respect most in the world. Because he is professional in his field and a responsible man. I love my father and I always give thanks to him.

- 아버지의 직업이 무엇입니까?
- 아버지는 무엇을 하십니까?

아버지는 정비사이십니다. 그는 제가 가장 존경하는 분이십니다. 왜냐하면 자신의 분야에서 전문가이시고, 책임감이 강하시기 때문입니다. 저는 제 아버지를 사랑하고 늘 감사드립니다.

My father is running a grocery store.

아버지는 식료품가게를 운영하십니다.

He is the chief editor of a newspaper company.

신문사 편집장으로 계십니다.

He worked as an official until he was 57, when he retired at the regular retirement age.

그는 57세까지 공무원 생활을 하시다가, 정년 퇴직하셨습니다.

He runs a real estate business.

부동산업을 하고 계십니다.

Q.3

• Do you respect your father?

I like my father rather than respect him. He usually talks with us when he has free time. So I feel as if he is a friend of mine.

Q

당신은 아버지를 존경합니까?

존경한다기보다는 좋아합니다. 아버지는 시간이 날 때마다 저희와 함께 얘기를 하곤 하십니다. 그래서 저는 아버지가 마치 친구처럼 느껴집니다.

Q.4

• Tell me about your mother.

A

My mother is my best friend. When I have a problem I usually talk with her. She wants me to be an independent career woman.

Q

어머니에 대해 얘기해 보세요.

A

제 어머니는 저의 가장 좋은 친구입니다. 제게 문제가 생기면 대부분 어머니와 대화합니다. 그녀는 제가 독립적인 직업여성이 되기를 바라십니다.

Q.5

• Does your mother work, too?

A

No, currently she is a full-time housewife. But she used to work as a tour guide before I was born.

Q

어머니도 직장에 다니십니까?

A

아니요, 어머니는 전업주부이십니다. 하지만 제가 태어나기 전에 여행 가이드 일을 하셨습니다.

- What is a good thing about being the youngest(oldest)?
- What is a bad thing about being the youngest(oldest)?

A

I feel a bit burdensome. As you know, the eldest son should take responsibility during the father's absence. So I try to give a good example to my siblings. In addition, I should support my parents with my wife later. But I will do my best to perform my role, because I think it is my fate given by God.

Q

- 막내(첫째)로써 좋은 점은 무엇입니까?
- 막내(첫째)로써 나쁜 점은 무엇입니까?

A

다소 부담을 느낍니다. 아시다시피, 아버지가 안 계실 때에는 장남이 책임을 져야 마땅합니다. 그래서 저는 동생들에게 좋은 본보기가 되기 위해 노력합니다. 게다가 저는 나중에 제 아내와 함께 부모님을 모셔야 합니다. 그러나 저는 최선을 다해 제 역할을 할 겁니다. 왜냐하면 그것이 신이 저에게 주신 운명이라고 생각하기 때문입니다.

🏢 MEMO

I was loved a lot by my parents and I could easily get lots of clothes, books, and accessories from my brothers and sisters. But when they would like eat something, they always ask me to cook for them. Thanks to that, I became a good cook.

저는 부모님의 사랑을 많이 받았으며 오빠와 언니들로부터 옷, 책, 액세서리들을 쉽게 얻을 수 있었습니다. 그러나 그들은 무언가 먹고 싶을 때마다 항상 저를 시킵니다. 그 덕분에 저는 음식을 매우 잘합니다.

Most of all, I came to have positive way of thinking, making our family harmonious faithfully as the youngest member of my family.

무엇보다도 막내로서 화목한 가정 분위기를 만들기 위해 노력하다 보니, 긍정적인 사고를 지닐 수 있게 되었습니다.

 memo

Q.7

• You are the only child in your family. How do you feel about that?

A

When I was young, I felt lonely a little. I envied my friends who had lots of brothers and sisters. It is Ok now. Because my close friends fill the void.

Q

당신은 무남독녀인데 그 점에 대해서 어떻게 생각하십니까?

A

제가 어렸을 때 조금은 외로웠습니다. 형제자매가 많은 친구들이 부러웠습니다. 하지만 지금은 괜찮습니다. 제 친한 친구들이 그 빈자리를 채워주기 때문입니다.

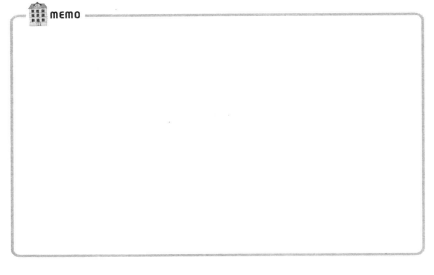

memo

Q.8

• You are the second daughter. How do you feel about that?

 A

When I was a kid I complained a lot to my mother because she barely bought me clothes, saying that I can wear my elder sister's. Also, my sister did well in her studies, whereas I was just a ordinary student. So I always felt a sense of inferiority. But now I have overcome all that and I feel all right.

Q

차녀이신데, 그 점에 대해 어떻게 생각하십니까?

A

제가 어렸을 때는 어머니께 불평을 많이 했습니다. 어머니는 제게는 옷을 거의 사주시지 않고, 언니 옷을 물려 입으면 된다고 말씀하셨기 때문입니다. 그리고 언니는 공부를 잘했던 반면에, 저는 평범한 학생이었습니다. 그래서 저는 항상 열등의식을 느꼈습니다. 하지만 지금은 그 모든 것을 극복했으며 아무렇지 않습니다.

 **memo**

Q.9

• Tell me about your sister.

 A

She is 2 years older than me. She has worked as a flight attendant
for an airline company since 4 years ago. We always get along well
with each other. She is single. We live in the same house but we can't
meet that often because she usually goes abroad to work.

 Q

언니에 대해 얘기해 보세요.

 A

그녀는 저 보다 두 살 위입니다. 그녀는 4년 전부터 항공사에서 승무원으로 일하고 있
습니다. 우리는 항상 사이좋게 잘 지냅니다. 우리는 같은 집에 살지만 그녀는 보통 일
때문에 외국에 가기 때문에 그다지 자주 만나지는 못합니다.

 mЕmO

Q.10

• Do you spend a lot of time talking with your family?

A

Yes. We spend lots of time talking with one another. Especially at meal times, we all get together to eat and talk. On weekends, we go swimming or play badminton together.

Q

가족들과 대화를 많이 나눕니까?

A

네, 서로 이야기를 하면서 많은 시간을 보냅니다. 특히 식사시간에 우리는 함께 모여 식사하면서 이야기를 나눕니다. 그리고 주말에는 수영을 하러 가거나 함께 배드민턴을 칩니다.

Q.11

• What are the usual topics of conversations among your family?

A

Our popular topics are the political and economic situations of Korea, the progress of our studies, and our girlfriends and boyfriends.

Q

가족 간의 대화의 주제는 주로 무엇입니까?

A

저희가 주로 하는 대화는 한국의 정치 및 경제상황, 저희들의 학업진도 및 이성친구에 관한 것들입니다.

Q.12

• Do you have many relatives?

A

Yes I do. Both of my parents are from large families, and I have more than twenty cousins.

Q

당신은 친척들이 많습니까?

A

예, 그렇습니다. 제 부모님들은 모두 대가족이시라서 저는 사촌이 20명이 넘습니다.

Q.13

• Do you often meet your relatives?

A

We meet our relatives at least twice a year. We visit our relatives Seollal, Korean New Year's Day, and Chuseok, Korean Thanksgiving Day.

Q

친척들은 자주 만납니까?

A

적어도 일 년에 두 차례 정도 친척들을 만납니다. 한국의 정월 초하루인 설날, 그리고 한국의 추수감사절 격인 추석에 친척들을 방문합니다.

• What is the good point of growing in a large family?

A

I could learn how to converse with elderly people because I have lived with them from childhood.

Q

대가족 속에서 자라면 어떤 면이 좋습니까?

A

저는 어린 시절부터 어르신들과 함께 생활했기 때문에 어른들과 대화하는 방법을 배울 수 있었습니다.

• What is your family's motto?

A

Our family motto is "Keep your promise under any condition."

Q

가훈은 무엇입니까?

A

저희 집 가훈은 "어떤 일이 있어도 약속은 꼭 지켜라."입니다.

Q.16

• What is your parents' education philosophy?

A

My parents taught us with the philosophy that we should stand on our own feet.

Q

부모님의 교육철학은 무엇입니까?

A

부모님께서는 저희가 자립해야 한다는 철학을 가지고 가르치셨습니다.

Q.17

• What did your parents teach you?

A

They told me to take responsibility for the works that I chose. Such lessons of my parents were very useful for me to have responsibility.

Q

부모님은 당신을 어떻게 가르치셨습니까?

A

부모님께서는 제가 선택한 일에 대해서는 스스로 책임을 져야 한다고 말씀하셨습니다. 부모님의 그러한 가르침은 제가 책임감을 갖는 데 많은 도움이 되었습니다.

Q.18

• Will you tell us what you've learned from the life of your parents?

A

My parents would never lie on the floor or sofa except when they are sleeping at night. I learned diligence from such behavior of my parents.

Q

부모님들의 생활을 통해 배운 점을 말씀해 보시겠습니까?

A

저희 부모님께서는 밤에 잠자는 시간을 제외하고는 절대 바닥이나 소파에 눕지 않으셨습니다. 저는 부모님들의 그런 행동에서 근면성을 배웠습니다.

Q.19

• Have you ever been severely scolded by your parents?

A

I remember having been severely scolded by my father when I was around six. At that time I picked up something, maybe a candy, from the shelf of a grocery store and put it in my pocket without telling anyone. My father got so angry that he scolded me severely on the spot and later beat me with a rod at home several times. Later he told me that he intentionally did so to teach me a good lesson. As you know, there is a proverb that goes, "He who will steal a needle will steal a cow." My father did so in order to prevent me from acquiring a bad habit.

Q

부모님에게 심하게 야단맞은 적이 있습니까?

A

제가 여섯 살 때쯤 아버지한테 심하게 야단맞은 기억이 있습니다. 그때 저는 식료품가게에서 아무한테도 얘기하지 않고 아마도 사탕 같은 것을 집어서 주머니에 넣었던 것 같습니다. 아버지는 매우 화가 많이 나셔서 그 자리에서 절 심하게 야단치시고 나중에는 집에서 회초리로 여러 대 때리셨습니다. 나중에야 아버지께서 말씀하시기를 제게 좋은 교훈을 가르치려고 일부러 그렇게 하셨다고 합니다. 아시다시피, "바늘도둑이 소도둑 된다."라는 속담이 있습니다. 제 아버지는 제가 나쁜 버릇을 들이지 않도록 하기 위해 그렇게 하신 것입니다.

A

No. Although my father was sometimes a bit strict, he understood our minds well and my mother also brought us up with neat living attitude.

A

아니오. 아버지는 때때로 엄하시긴 했지만, 우리들의 마음을 잘 이해해 주셨고 어머니도 역시 흐트러짐 없는 생활태도로 우리를 가르치셨습니다.

memo

• Have you ever felt disappointed with your parents?

Yes, I have. When I was a third grader in elementary school, my mother didn't show up at the school athletic meeting. She had to stay at her shop because it was a hot sales season. But I got so angry anyway at that time, and I didn't talk with her for more than a week. Now I regret having been so harsh to my mother.

부모님에게 실망한 적이 있습니까?

예, 있습니다. 제가 초등학교 3학년 때, 어머니는 학교운동회에 오지 않으셨습니다. 어머니는 한창 세일기간이라 가게에 계셔야 했기 때문입니다. 하지만 어쨌든 전 그때 너무 화가 나서 일주일 이상 어머니와 얘기도 하지 않았습니다. 지금은 어머니께 너무 심했던 것에 대해 후회가 됩니다.

• Have you ever felt ashamed of your parents?

Yes, I have. Frankly speaking, I felt ashamed that my father runs a small grocery store before I entered university. Although my parents must have noticed my feeling and attitude, they didn't say anything about it. Now I feel very sorry for doing such a immature behavior.

부모님에 대해 부끄럽다고 느낀 적이 있습니까?

네, 있습니다. 솔직히 말해. 저는 대학교에 들어가기 전에는 아버지가 작은 야채가게를 운영한다는 것이 부끄러웠습니다. 이제는 그런 철없는 행동을 한 것에 대해 죄송함을 느낍니다.

Q.22

• You've been living away from parents. What did you considered the most difficult?

A

It was very difficult for me to decide all the things and take responsibilities for myself. But going through such difficulties, I mentally grew up much faster than friends living under the protection of their parents.

Q

부모님과 떨어져서 생활해왔는데, 가장 어려웠던 것은 무엇입니까?

A

모든 것을 제가 결정해야 하고 스스로 책임을 져야 한다는 것이 매우 힘들었습니다. 하지만 그러한 어려움을 통해서 부모님의 보호 하에 자란 친구들보다 정신적으로 훨씬 빨리 성숙했습니다.

 memo

성격에 관한
짧은 질문

05 ── 성격에 관한 짧은 질문

* Tell me the good points and bad points of your character, please.

성격에 관한 질문 대처요령

평소 자신의 성격을 파악하여 다른 사람에게 말하기란 생각만큼 결코 쉬운 일이 아니다. 막상 떠오르지 않는다면 사전에 주변의 지인들로부터 자신의 성격에 대한 생각을 듣는 것도 객관적으로 자신을 평가하는 데 도움이 될 것이다.

A

I am honest, positive, and very active. But sometimes I am so honest that I hurt my friends' feelings. So these days I try to think twice before I speak.

자신의 성격에 있어 장점과 단점을 말해 보세요.

저는 솔직하고 긍정적이며, 매우 적극적입니다. 하지만 가끔은 너무 솔직해서 친구의 기분을 상하게도 합니다. 그래서 요즘은 말하기 전에 한 번 더 생각하려고 노력합니다.

🏛 **MEMO**

Strong concentration is my good and bad point. It's very big advantage because I concentrate on my work once I start it, but I can't often care about people or things around me.

강한 집중력이 저의 장점이자 단점이라고 할 수 있습니다. 일단 일을 시작하면 집중해 버리기 때문에 좋은 이점이 있지만, 종종 주변 사람이나 일에 신경을 못 쓰게 됩니다.

I am heard a thorough person because I deal with my responsibility perfectly. But I try hard to pay close attention to my personal relationship because I know such expression results in kinds of misunderstanding.

저는 완벽하게 책임을 지는 성격이기 때문에 철저한 사람이라는 소리를 많이 듣습니다. 하지만 그러한 오해의 소지들을 제가 알고 있기 때문에 인간관계에 있어서 세심한 주의를 기울이려고 열심히 노력합니다.

I am likely to see the result once I start something. I regard the words "No delay for today's business" as my motto and try to live diligent life.

저는 한 번 시작한 일은 반드시 결과를 봐야만 하는 성격의 소유자입니다. '저는 오늘 할 일을 내일로 미루지 말라'라는 말을 제 신조로 삼고 항상 부지런한 삶을 살려고 노력하고 있습니다.

I am very progressive person and have positive attitude. So I have lived with the attitude that I take the responsibility of my own works and make it with them.

저는 매우 진취적인 사람으로 매사에 적극적인 태도로 임합니다. 그래서 저에게 맡겨진 일은 책임감을 가지고 반드시 해낸다는 자세로 살아왔습니다.

I easily adapt myself to new surroundings and have sociability.

저는 새로운 환경에 쉽게 적응하는 편이며, 사교성이 있습니다.

I devote all my efforts to one goal that I have set not setting several goals. And I definitely complete the goal if I set one.

저는 여러 가지 목표를 정하지 않고 한 가지 목표를 정하여 제 모든 역량을 쏟아 붓습니다. 그리고 일단 목표를 정하면 반드시 이루어야만 직성이 풀리는 성격입니다.

I am cheerful and optimistic. I have good relationship with my friends and regard personal relationship important.

저는 밝고 긍정적인 편입니다. 친구와 원만한 관계를 유지하며, 대인관계를 중요시 여깁니다.

I have the will not to be defeated by anyone in the competition and do proceed works with strenuous challenges and progressive power.

경쟁에 있어서 어느 누구에게도 지지 않으려는 의지를 가지고 매사에 끈질긴 도전과 추진력으로 일을 추진하는 성격입니다.

 memo

My strength is getting along well with surrounding people and easily making friends with other people because of my good sociability. I know many people because of my active personality and I tend to get friendly attitude which makes me lot more easier to get help when I'm up to something and this enables me to handle my job smoothly. My weakness is because I want to get along with people well, I often tend to pay too much attention on other's eye and I'm light of ear. It's a good thing to be considerate of others but I would try to have balanced life with my own opinion.

제 강점은 주변사람들과 잘 융화하고 친화력이 있어 쉽게 사람들을 사귈 수 있다는데 있습니다. 활동적이어서 주변에 아는 사람들도 많고 대체로 저에 대해서 호의적이어서 어떠한 일을 할 때 도움을 쉽게 받을 수 있어 원활하게 처리하는 편입니다. 제 단점은 사람들과 잘 지내려다보니 지나치게 주변의 시선에 대해서 신경 쓰는 경우가 많고 귀가 얇은 편입니다. 앞으로는 다른 사람들을 배려하는 것은 좋으나 주관을 가지고 중심 잡힌 삶을 살아가도록 노력할 것입니다.

My greatest strength is having strong concentration when I'm up to my work. Because of my strong concentration, I can figure out things that could be neglected and do much faster. Also, I have good language skills and can speak English fluently as well as Chinese. In contrast, My weakness is that I tend to miss trivial things when I'm concentrating on something. Because of this, I had experience of getting misunderstood that resulted negatively in my human relation-ship. For instance, I forgot to greet my senior while concentrating on my project and he later told me that he first misunderstood that I was a rude person. Later on, I came to check who is nearby me no matter how hard I'm concentrating on something.

제 가장 큰 장점은 일을 할 때 강한 집중력을 가지는 것입니다. 제 강한 집중력 때문에 놓칠 수 있는 것들을 찾아내고 빨리 일을 할 수 있습니다. 또한, 저는 뛰어난 언어 능력을 갖추고 있어 영어를 유창하게 하고 중국어도 잘 합니다. 반대로, 제 약점은 제가 무엇엔가 집중할 때 사소한 것들을 놓치는 경향이 있습니다. 이러한 것 때문에 인간관계에 부정적인 결과를 가져오는 오해를 받은 경험이 있습니다. 예를 들어, 제 프로젝트에 집중한 나머지 선배한테 인사하는 것을 잊어버린 적이 있었는데 나중에 그 선배가 처음에는 제가 무례한 사람으로 오해하였다는 얘기를 해주었습니다. 그 후로 저는 아무리 무엇엔가 집중하더라도 누가 제 주변에 있는지 확인하게 되었습니다.

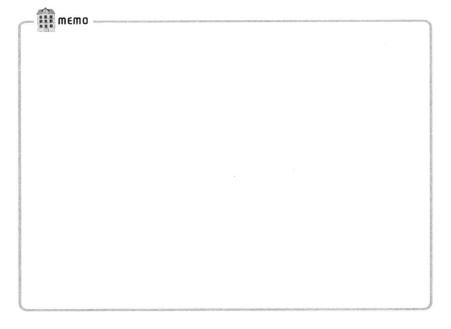

Q.2

- What is your greatest strength?
- What do you consider to be your strong points?

Tip 장점에 관한 질문 대처요령

자신의 장점을 말하고 그 이유에 대해 설명하는 것에만 그치지 말고 그러한 장점을 이용하여 어떤 분야에 기여할 수 있는지를 덧붙인다면 더 좋은 인상을 남길 수 있을 것이다.

I'm very curious. So I pleasantly increase a lot of knowledge about the things which I am interested in.

- 당신의 장점(강점)은 무엇입니까?
- 당신의 장점은 무엇이라고 생각합니까?

저는 매우 호기심이 많아서 제가 관심 있는 것에 대해서는 즐겁게 그에 대한 지식을 풍부히 쌓고 있습니다.

I can take on jobs that bother other people and just work at them slowly until they get done. I enjoy that sort of thing that's a good point, I suppose.

저는 다른 사람들이 꺼려하는 일을 맡아서, 그것이 될 때까지 차근차근 해 나갑니다. 저는 그렇게 하는 것을 좋아하고, 또한 그것이 제 장점이라고 생각합니다.

A

I approach things very enthusiastically, I guess. I don't like to leave anything half-done. I can't concentrate on something else until the first thing is completed.

A

저는 어떤 것에 접근함에 있어 매우 열정적인 면이 장점이라고 생각합니다. 저는 어떤 것이든 하다가 만 채로 두는 것을 좋아하지 않습니다. 저는 처음의 것을 끝마칠 때까지 그 어느 것에도 집중할 수 없습니다.

A

My strong point is that I try to do my best for any work. I think sincerity only can be recognized in all aspects even if he is not so superior to others in his talent and ability and I would like to make such society.

A

제 장점은 무슨 일이든 열심히 하려고 노력하는 것입니다. 성실 하나면 재능이나 실력이 남보다 뛰어나지 않아도 모든 면에서 남에게 인정받을 수 있다고 생각하고 또 그런 사회를 만들고 싶습니다.

A

I move faster than most people, eat more than most people, work more than most people, and still manage to spend time with friends despite my schedule. I believe in doing lots of things with pleasure.

A

저는 다른 대부분의 사람들보다 더 빨리 움직이고, 더 많이 먹고, 더 많이 일하면서 제 일정에도 불구하고 여전히 친구들과 함께 시간을 보낼 줄 압니다. 저는 많은 일을 기꺼이 즐겁게 해야 한다고 믿습니다.

I am a self-directed, highly motivated and active person. I think I'm outgoing and persuasive as well. But I always try to be a good listener.

저는 자발적이고 의욕적이며 활동적입니다. 성격이 외향적이고 설득적인 사람이지만, 다른 사람의 이야기를 잘 들으려 노력하는 편입니다.

Frankly speaking, I'm a typical workaholic. I don't mind working late at night. So, I can't often care my family.

솔직히 말해, 저는 전형적인 일벌레입니다. 저는 밤늦게까지 일하는 것도 주저하지 않습니다. 그래서 종종 가족들을 돌보지 못합니다.

My strength is that I am a very versatile person with a broad range of skills and abilities. I can wear many hats, even simultaneously. So I am called a jack-of-all-trades.

제 강점은 제가 다양한 기술과 능력을 가진 매우 다재다능한 사람이라는 것입니다. 저는 여러 가지 일을, 심지어 동시에도 할 수 있습니다. 그래서 저는 팔방미인이라고 불립니다.

 MEMO

Q.3

- What is your weakness?
- What do you consider to be your weak points?

 Tip 단점에 관한 질문 대처요령

단점에 관한 대답은 장점을 말할 때보다 더욱 신중해야 한다. 섣불리 얘기했다가는 마이너스가 될 가능성이 많기 때문이다. 솔직하게 자신의 단점을 말하되 그것을 개선하기 위해 어떠한 노력을 하고 있는지를 구체적으로 밝히는 것이 좋다. 그리고 가급적이면 보는 사람에 따라 장점으로 여길 만한 여지가 있는 것들을 말하는 것도 좋은 방법이 될 것이다.

A

Well, I'm afraid I'm a poor talker, and that isn't very good, so I've been studying how to speak in public.

Q

- 당신의 단점(약점)은 무엇입니까?
- 당신의 단점은 무엇이라고 생각합니까?

A

음, 저는 말주변이 없어서 그게 흠입니다. 그래서 지금은 대중 앞에서 잘 말하는 법을 연구하고 있습니다.

 memo

Well, I'm not very outgoing, so I try to go out and be with other people more, so I'm working on that.

글쎄요, 워낙 외향적인 편이 아니라서 될 수 있으면 다른 사람들과 어울리려고 계속 노력하는 중입니다.

My only fault is sleeping late in the morning. But I making up for remedy my defect.

제 유일한 단점은 아침에 늦잠을 자는 것입니다. 하지만 고치려고 노력하고 있습니다.

My weak point is that I have somewhat many things in mind not speaking out and the difference of ups and downs is somewhat big. However it may be because of my desire to show only bright aspect of mine, I tend to solve difficulties by myself and so it makes me have a hard time sometimes.

제 단점은 제 마음을 잘 드러내지 않는다는 것과 감정의 기복이 다소 심하다는 것입니다. 하지만 밝은 면만 보여주려는 욕심 때문에 힘든 일을 혼자 해결하고, 그래서 가끔 제 자신이 힘들 곤 합니다.

I see irony in most things and I'm outspoken. But I bring a sense of humor to any place.

저는 대부분에 있어서 모순이 보이고, 솔직한 편입니다. 하지만 이런 면이 어떤 장소에서는 유머감각으로 나타나기도 합니다.

• How would your friends say you?

My friends would say I'm a bit a goofball. They would probably throw in a rash adventurer.

당신의 친구들은 당신을 어떻다고 말합니까?

제 친구들은 저를 조금은 괴짜라고 할 것입니다. 그들은 아마도 무모한 모험가라고 덧붙일 것입니다.

memo

Q.5

• What do you do to overcome the flaws in your character?

A

As I told you, I am sometimes too frank and thus I hurt other people's feelings. So I'm trying to think twice before I speak, in order not to make any thorny remarks.

Q

성격상의 결점을 극복하기 위해 어떻게 합니까?

A

말씀드렸듯이, 저는 가끔 너무 솔직해서 다른 사람들에게 상처를 줍니다. 그래서 가시 돋친 말을 하지 않기 위해 말하기 전에 한 번 더 생각하려고 노력합니다.

Q.6

• Would you consider yourself liberal or conservative?

A

I think I'm a little conservative ; I still don't like to see girls in miniskirts, with their hair dyed red and yellow.

Q

자신이 진보적이라고 생각합니까, 아니면 보수적이라고 생각합니까?

A

저는 제가 약간 보수적인 편이라고 생각합니다. 저는 아직도 미니스커트를 입고 머리에 빨갛고 노랗게 염색을 한 여자들을 보면 탐탁지 않습니다.

Q.7

• Do you think you are introverted, or extroverted?

 A

Well, I think I have both elements. I think that is, more or less, true with most people. Sometimes I speak pretty well with people. But some other times I prefer being alone and listening to music.

 Q

자신이 내성적이라고 생각합니까, 아니면 외향적이라고 생각합니까?

A

글쎄요, 두 가지 요소를 다 가지고 있는 것 같습니다. 다른 사람들도 다소 차이는 있지만 비슷할 거라고 생각합니다. 저는 어떨 때는 사람들과 잘 얘기하지만 또 어떨 때는 혼자서 음악 듣는 것을 좋아합니다.

🏢 **memo**

Q.8

• Do you think you have a leadership?

 리더십에 관한 질문 대처요령

리더십이 있는 경우와 없는 경우, 어느 쪽이든 자신의 장점과 결부지어서 얘기하면 면접관에게 어필하는 데 있어 큰 문제가 되지 않는다. 리더십이 있다면, 지나치게 나서거나 독단적이라는 인상을 주지 않도록 유의하고, 리더십이 없다 해도 소극적이거나 의욕이 없다는 인상을 주지 않도록 다른 사람과의 조화나 협동성 등을 부각시키는 것도 좋은 방법이다.

I'm quite assertive for a Korean. That maybe the reason my friends are happy to join with me. I think it would be a big plus when I come to maturity.

당신은 리더십이 있다고 생각합니까?

저는 한국인치고는 꽤 적극적인 편입니다. 그래서인지 제 친구들은 기꺼이 저와 협력합니다. 제가 좀 더 성숙해진다면 큰 플러스 요인이 될 것이라고 생각합니다.

🏫 **mEmO**

I don't try to get in front of people and lead them, particularly. I'd rather cooperate with everybody else, and get the job done by working together.

저는 특별히 사람들 앞에 서거나 리드하는 편은 아닙니다. 오히려 모든 사람들과 협력하여 함께 일을 해나가는 타입이라 할 수 있습니다.

A little bit. But I think I'm better in harmonizing with people than in leading them.

조금요. 그러나 다른 사람들을 리드하는 것보다는 서로 조화를 이루도록 하는 데 더 소질이 있다고 생각합니다.

memo

• Have you been a leader?

Yes, I have. I was a captain of my club for two years and it was a really good experience for me.

당신은 리더가 되어 본 적이 있습니까?

네, 있습니다. 2년 동안 동아리에서 장을 맡았는데 그것은 정말 좋은 경험이었습니다.

Yes, I have. I worked for the student council as an executive during my college. My job was to plan events for the university and I had to discuss with many people and decide on various issues. One that I remember the most is planning for the festival in University and it was quite tough job to handle multiple tasks simultaneously. So it was crucial to decide priority among the tasks that should be done. In addition, I had to communicate with various stake holders of the festival. With this experience I learned valuable skills for the leadership which are multitasking and communicating.

네, 있습니다. 저는 대학재학중에 학생회 간부로 활동하였습니다. 제가 한 일은 대학을 위하여 이벤트를 기획하는 것이었고 저는 많은 사람들과 토론하고 다양한 이슈들에 대하여 결정을 내려야했습니다. 기억에 가장 남는 것은 대학을 위하여 축제를 기획하는 것이었는데 여러 일들을 동시에 다루는 것이 상당히 힘들었습니다. 따라서 해야 할 일들에 대하여 우선순위를 정하는 것이 중요하였습니다. 또한 저는 축제와 관련된 다양한 이해관계자들과 의사소통을 해야 했습니다. 이 경험으로 저는 리더십에 중요한 다중작업과 의사소통 스킬을 배울 수 있었습니다.

During studying in US as an exchange student, I worked as a representative of student ambassador program which is promoting our university and our country's culture at our sister university at overseas. I was eager to take the role because I wanted to make the best out of my college life besides studying. Actually, most of the works were working for other student ambassadors but I enjoyed the opportunity to interact with various people because of my role.

제가 미국에서 교환학생으로 공부하고 있을 때 학생 대사 프로그램의 대표를 맡았는데 이 프로그램은 우리 대학과 우리나라 문화를 해외에 있는 자매 대학에 홍보하는 것이었습니다. 저는 그 역할을 매우 맡고 싶어 했는데 그 이유는 공부 외에 대학생활을 최대한 만끽하고 싶어 했기 때문입니다. 사실은 대부분의 일들은 다른 학생 대사들을 위해 일하는 것이었지만 저는 대표 역할로 다양한 사람들과 교류하는 기회를 즐겼습니다.

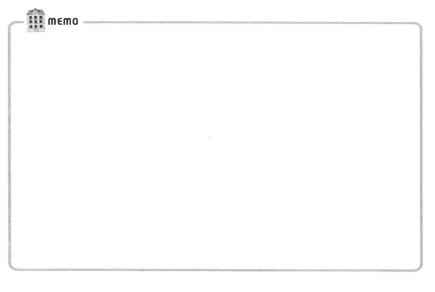

memo

· When did you feel fruitful the most as a leader?

I feel fruitful the most when everybody cooperated and solved difficult problems together.

리더로서 언제 가장 보람을 느꼈습니까?

다함께 협력하여 어려운 상황을 해결했을 때 가장 보람을 느꼈습니다.

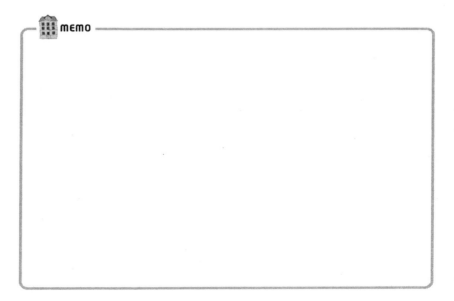

MEMO

Q.11

• Do you get along well with people?

 A

Yes I do. I try to say hello first to people I newly meet. This is a good way for me to start conversations and get friendly with people in a very short period of time.

 Q

사람들과 잘 어울리는 편입니까?

 A

예, 그렇습니다. 저는 처음 만난 사람들에게 먼저 인사를 하려고 노력합니다. 이것은 사람들과 대화를 시작하고 짧은 시간 안에 서로 친해지는 데 아주 좋은 방법입니다.

🏢 **memo**

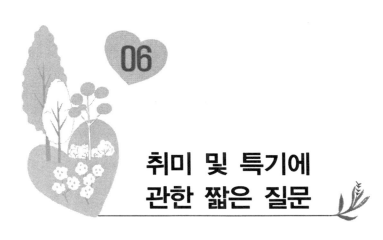

06

취미 및 특기에
관한 짧은 질문

- What's your hobby?
- What kind of hobbies do you have?

취미에 관한 질문 대처요령

취미에 관한 질문은 지원자가 어떤 것에 관심을 가지고 있고 또 얼마만큼 열정을 쏟느냐를 파악함으로써 그 사람의 자질이나 적성, 심지어 인격적인 측면까지 가늠할 수 있는 요소를 제공해 준다고 할 수 있다. 취미활동을 함으로써 자신에게 어떤 점이 좋은가를 목적의식이나 자아발전 등의 내용과 연관 지어 이야기하면 더욱 좋을 것이다.

I like fishing. On weekends, I often go to a lake by train and spend time fishing all day long.

- 취미가 무엇입니까?
- 당신은 어떤 종류의 취미가 있습니까?

A

저는 낚시하는 것을 좋아합니다. 주말에 종종 기차를 타고 호수로 가서 하루 종일 낚시를 하면서 보냅니다.

 memo

I like movie very much. I go to the movies at least once a week. I especially like fantasy films.

저는 영화를 좋아해서 최소한 일주일에 한 번은 극장에 갑니다. 특히 판타지 영화를 좋아합니다.

I like to take apart and reassemble electronic goods such as watches, televisions and computers. I have been doing this since before I entered university.

저는 시계, 텔레비전, 컴퓨터 등의 전자제품을 분해했다가 다시 조립하는 것을 좋아합니다. 저는 이것을 대학교 입학하기 전부터 해왔습니다.

My hobbies are hiking and playing baduk. I think the former is good for physical health and the latter is good for mental health. The best part of those hobbies is that they cost almost no money.

제 취미는 하이킹과 바둑입니다. 하이킹은 신체적 건강에 좋고 바둑은 정신적 건강에 좋다고 생각됩니다. 이 두 취미의 가장 좋은 부분은 돈이 거의 들지 않는다는 것입니다.

mEMO

I like reading books. Although I like talking and laughing pleasantly with friends, it's good to get unexpected information and knowledge which can't be got through simple talk.

저는 독서하는 것을 좋아합니다. 친구들과 즐겁게 얘기하고 웃는 것도 좋아하지만, 책을 읽으면 간단한 대화에서는 얻을 수 없는 예상치 못한 정보와 지식을 얻을 수 있어 좋습니다.

Q.2

• Do you have any hobby that you enjoy?

I like collecting. Especially, I scrap articles from newspapers. I think it's very useful to develop logical and rational view.

특별히 즐기는 취미가 있습니까?

저는 수집하는 것을 좋아합니다. 특히, 신문기사를 스크랩합니다. 이것은 논리적이고 합리적인 시각을 키우는 데 매우 유익하다고 생각합니다.

 memo

• What kind of music do you like?

A

I like listening to rock ballad.

Q

당신은 어떤 장르의 음악을 좋아합니까?

A

저는 록발라드를 듣는 것을 좋아합니다.

Q.4

• Are you a good singer yourself?

A

No. I am off the beat and out of tune. So, I just like to listen to music.

Q

자신이 노래를 잘 한다고 생각하십니까?

A

아니요. 저는 박자와 음정이 전혀 맞지 않습니다. 그래서 그냥 음악을 듣는 것만 좋아합니다.

Q.5

• What is your favorite movie genre?

A

I like detective stories, because I find it interesting to guess what would happen next while watching them.

Q

당신은 어떤 종류의 영화를 가장 좋아합니까?

A

탐정영화를 좋아합니다. 보는 동안 다음에 무엇이 나올까를 추리하는 것이 재미있기 때문입니다.

Q.6

• What kind of food do you like?

A

I like fruits and vegetables. I eat meat only about once a week.

Q

당신은 어떤 음식을 좋아합니까?

A

저는 과일과 야채를 좋아합니다. 고기는 대략 일주일에 한 번 정도 밖에 먹지 않습니다.

Q.7

- Can you cook?

A

Yes, I can. But I cook only simple dishes such as sandwiches.

Q

당신은 요리할 수 있습니까?

A

예, 할 수 있습니다. 그러나 샌드위치 같은 간단한 음식만 만들 수 있습니다.

Q.8

- What kind of food can you cook the best?

A

I can cook Tteokbokki very well.

Q

당신은 어떤 요리를 가장 잘 할 수 있습니까?

A

저는 떡볶이를 아주 잘 만듭니다.

memo

Q.9

- What are your favorite sports?
- What kind of sports do you like?

Tip 스포츠에 관한 질문 대처요령

스포츠는 건강하고 적극적인 이미지를 보여줄 수 있는 좋은 요소이다. 혼자서 하는 스포츠보다 여럿이 어울려 함께 할 수 있는 스포츠에 대해 언급함으로써 협동심과 사교성을 강조한다면 더욱 효과적일 것이다.

I like both watching and playing sports. And I enjoy almost all kinds of sports, but I especially like table tennis and baseball. I run or go swimming for exercise. In addition, almost every weekend my family goes mountain climbing.

- 당신이 가장 좋아하는 스포츠는 무엇입니까?
- 당신은 어떤 종류의 스포츠를 좋아합니까?

저는 운동을 보는 것과 하는 것 둘 다 좋아합니다. 그리고 거의 모든 종류의 스포츠를 좋아하지만 특히 탁구와 야구를 좋아합니다. 운동을 하기 위해서는 달리거나 수영 같은 운동을 합니다. 또한, 거의 매주 저희 가족들은 등산을 합니다.

My favorite sport is skating. I can skate very well. I learned it from my friend who majored in physical education.

제가 가장 좋아하는 운동은 스케이트입니다. 저는 스케이트를 매우 잘 탑니다. 그것은 체육을 전공한 제 친구에게 배웠습니다.

A

I like all kinds of sports, especially basketball. I usually play basketball with my friends once a month. Although I don't win many times, I just enjoy spending time with them.

A

저는 모든 종류의 스포츠를 좋아하지만 특히 농구를 좋아합니다. 한 달에 한 번 정도 친구들과 함께 농구를 합니다. 많이 이기지는 못하지만, 그들과 함께 하는 시간이 즐겁습니다.

A

I like to snowboard the best. I feel very good like I'm lost in the ecstasy of nature while I'm snowboarding. I feel very sorry about the fact that I can snowboard only during the winter.

A

저는 스노보드 타는 것을 가장 좋아합니다. 스노보드를 타고 있으면 자연과 하나가 된 듯 황홀한 기분에 빠집니다. 겨울 동안만 탈 수 있다는 사실이 아쉬울 뿐 입니다.

A

I have a basketball club with friends and regularly play games with them whenever I have a break because I don't have much time to exercise when I work.

A

일할 때에는 운동할 시간이 많이 없기 때문에, 쉬는 날마다 친구들과 농구모임을 조직하여 정기적으로 그들과 경기를 하고 있습니다.

 memo

Q.10

- What mountains do you enjoy going to?
- What is your favorite mountain to go to?

Surak mountain is my favorite mountain. It's located in Gyeonggi-do. Surak mountain is a little steep but has a magnificent sight.

Q

- 당신은 어느 산에 가는 것을 좋아합니까?
- 당신이 가장 좋아하는 산은 어느 산입니까?

A

저는 수락산을 가장 좋아합니다. 이 산은 경기도에 위치하고 있습니다. 수락산은 좀 가파르긴 하지만 매우 장관입니다.

Q.11

- Do you like to watch or play?

I enjoy almost all sports, but I particularly like watching baseball games.

당신은 보는 것을 좋아합니까, 아니면 직접 하는 것을 좋아합니까?

대부분의 스포츠를 즐기지만, 특히 야구경기를 보는 것을 좋아합니다.

• What is your favorite book?

책에 관한 질문 대처요령

그동안 읽은 것 중 가장 인상 깊었던 책을 한 권 이상 정하고 거기에 나오는 등장인물
이나 줄거리 등 자신이 그 책을 좋아하는 이유에 대해 미리 정리해 두도록 한다. 꼭 베
스트셀러나 유명한 작품이 아니더라도 특별히 그 책을 좋아하게 된 계기나 자신만의
에피소드를 소개하면 된다.

A

I read anything I can get my hands on, but I enjoy mysteries. I like
to try to figure out 'who did it?' before the author explains
everything.

Q

당신이 가장 좋아하는 책은 무엇입니까?

A

손에 닿는 대로 가리지 않고 읽지만, 특히 추리소설을 좋아합니다. 작가가 모든 것을
밝혀내기 전에 '누가 했을까?'를 알아내는 과정이 흥미진진합니다.

A

I like all kinds, but I particularly like reading autobiographical
novels. I read about three novels a month.

A

어떤 종류의 소설이든지 모두 좋아하지만, 특히 자서전소설 읽는 것을 좋아합니다. 한
달에 3권 정도를 읽습니다.

I read a lot of French literature, especially existentialists like Sartre and Camus. They've given me a lot to think about.

저는 불문학, 특히 사르트르나 까뮈 같은 실존주의자의 책을 많이 읽었습니다. 그 책들은 제가 많이 생각할 수 있도록 해주었습니다.

Q.13

• What was the most impressive book that you have read so far?

It was a book called 'the History of Russian Revolution,' written by a Korean professor. I cannot remember the details of the book, but I believe it helped me to expand my thoughts.

지금까지 읽은 책 가운데 가장 인상 깊었던 책은 무엇입니까?

어느 한국교수가 쓴 '러시아 혁명사'라는 책입니다. 그 책의 자세한 내용은 기억이 나지 않지만 그 책이 제 사고의 폭을 넓히는 데 도움이 되었다고 믿습니다.

 memo

Q.14

• Do you have any book that you'd like to recommend to others?

A

I'd like to recommend a book titled 'Seven Habits of Highly Effective People,' written by Dr. Steven Covey. It provides useful guidelines for how we should set our goals and concentrate ourselves on achieving them.

Q

다른 사람들에게 추천할 만한 책이 있습니까?

A

저는 스티븐 코비 박사가 저술한 '성공하는 사람들의 7가지 습관'을 추천하고 싶습니다. 이 책은 우리가 목표를 설정하는 방법과 그것을 달성하는 데 자신을 집중시키는 방법에 관해 유용한 지침을 제공합니다.

 memo

Q.15

• How many books do you read per month?

A

I read two books on average per month.

Q

한 달에 책을 몇 권 정도 읽습니까?

A

저는 한 달에 책을 평균 2권 정도 읽습니다.

Q.16

• What kind of books do you like?

A

I am often inspired by stories of people who have succeeded despite adversity.

Q

당신은 어떤 종류의 책을 좋아합니까?

A

저는 고난에도 불구하고 성공한 사람들의 이야기에 종종 힘을 얻습니다.

memo

Q.17

• What genre of books do you like?

A

Recently I read technical books rather than literature or novel. I think I need the attitude to keep studying to improve my ability. However, I sometimes read easy books like essay.

Q

어떤 장르의 책을 좋아합니까?

A

최근에는 문학과 소설보다는 전문서적들을 많이 읽는 편입니다. 저의 능력향상을 위해서는 끊임없이 공부하는 자세가 필요하다고 생각합니다. 그러나 가끔은 에세이집 같은 가벼운 책을 읽습니다.

memo

Q.18

• How do you spend your free time? / What do you do when you are free?

Tip 여가에 관한 질문 대처요령

최근 주 5일제의 광범위한 시행으로 직장인들의 여가시간이 늘어나면서 충분히 제시될 수 있는 질문이다. 따라서 자신의 취미와 연관 지어 얘기하는 등 다양한 여가활용방법을 준비해두자. 여가를 통해 기분전환을 함으로써 일을 할 때에도 활력을 불어 넣을 수 있으므로 너무 무의미하고 생각 없이 보낸다는 인상은 가급적이면 피하는 것이 좋다.

I usually meet my friends and enjoy chatting over coffee or beer on Saturday afternoon. On Sunday, I usually listen to music and watch TV.

• 당신은 여가시간에 어떤 것을 하며 보내는 것을 좋아합니까?
• 당신은 여가시간을 어떻게 보냅니까?

보통 토요일 오후에는 친구들과 만나 커피나 맥주를 마시면서 수다를 떱니다. 일요일에는 대개 음악을 듣고 TV를 봅니다.

I love traveling. I travel whenever I have the chance. Every month I try to take a short trip to somewhere that I have never been before.

저는 여행을 무척 좋아합니다. 기회가 있을 때마다 여행을 합니다. 매달 한 번도 가보지 않은 곳으로 짧은 여행을 떠나려고 노력하고 있습니다.

I've been playing baduk since my father taught me in middle school. Three years ago I was given a first-grade. I think playing baduk is very good for strategic thinking.

나는 중학교 때 아버지한테 배운 이후로 지금까지 바둑을 두고 있습니다. 3년 전에 초단을 땄습니다. 바둑은 전략적인 사고를 하는 데 매우 좋다고 생각합니다.

I like to climb a mountain. Although I can't have a lot of free time, my heart can lighten and stress can be washed away.

저는 등산을 좋아합니다. 여가시간이 많지는 않지만, 등산을 함으로써 마음이 편안해지고 스트레스도 해소할 수 있습니다.

I like to play boardgames with my friends. I put much importance in having good relationships with them.

친구들과 보드 게임하는 것을 좋아합니다. 저는 친구들과 좋은 교우관계를 쌓는 것을 중요시합니다.

MEMO

Q.19

• What do you do in your spare time?

I go to the movies with my girlfriend. I go biking once in a while.

여가시간에는 무엇을 합니까?

여자 친구와 극장에 영화를 보러 갑니다. 그리고 가끔씩은 자전거를 타곤 합니다.

Q.20

• What do you usually do on weekends?

I take care of babies for volunteer work every weekend. When I see the clear eyes of the babies, I can wash away my stress which has been built up for a week.

주말에는 보통 무엇을 합니까?

주말마다 아기를 봐주는 자원봉사를 합니다. 아이들의 맑은 눈을 보면 일주일 동안 쌓였던 스트레스가 말끔히 해소됩니다.

Q.21

- What is your speciality?
- What are you good at?

Tip 특기에 관한 질문 대처요령

누구나 남들보다 뛰어난 재능 한 가지 정도는 갖고 있기 마련이지만 본인이 스스로 파악하고 남에게 이야기 하기란 쉽지 않다. 주저하지 말고 자신의 능력을 알리자. 지원한 회사와 관련 분야에 기여할 수 있는 것이라면 더욱 좋다. 단, 겸손을 잃지 않도록 유의하자.

A

Well, I wonder if this can be a speciality. I can cook very well. I learned that from my mother. I like to help my mother with her housework. Especially at mealtime, I always help her. I cooked Doenjangjjigae very well. When people compliment me on what I've cooked, I feel happy. I like being with people and cooking. If you hire me, I'd like to invite you to my house and prepare a lot of delicious food, like Bibimbap and Japchae for you.

Q

- 당신의 특기가 무엇입니까?
- 당신은 무엇에 뛰어납니까?

A

이것이 특기가 될 수 있을지 모르겠습니다. 저는 요리를 매우 잘합니다. 어머니에게서 배웠는데, 저는 어머니의 집안일을 도와드리는 것을 좋아합니다. 특히 식사시간에 항상 그녀를 도와드립니다. 저는 된장찌개를 아주 잘 만듭니다. 사람들이 제 음식에 대해 칭찬을 해주면 매우 행복합니다. 사람들과 함께 하고 요리하는 것이 좋습니다. 만약 저를 뽑아주시면 저희 집에 초대해서 비빔밥이나 잡채 같은 많은 맛있는 음식을 준비하여 면접관님에게도 식사를 대접할 수 있기를 바랍니다.

A

I'm good at all sports, especially at swimming.

A

모든 운동을 잘 하는 편이지만, 특히 수영에 자신 있습니다.

Q.22

• What sort of special skills do you have?

A

I can play the piano very well. I can also write computer programs for myself.

Q

당신은 어떠한 특기를 가지고 있습니까?

A

저는 피아노를 아주 잘 칩니다. 그리고 제 스스로 컴퓨터 프로그램을 만들 수 있습니다.

memo

Q.23

• Do you have any special skills?

A

My special skill is computer programming, which is often sought by many of my friends who ask me for help when they have problems in using their PCs.

Q

당신은 특별한 특기가 있습니까?

A

제 특기는 컴퓨터 프로그래밍인데, 그 때문에 제 친구들은 컴퓨터를 쓰다가 문제가 생길 때마다 제게 도움을 요청하곤 합니다.

Q.24

• What is your talent?

A

I can make various accessories for myself. I often give them to my friends as birthday presents.

Q

당신은 어떤 재능이 있습니까?

A

제 손으로 직접 다양한 액세서리들을 만들 수 있습니다. 저는 종종 그것들을 친구들에게 생일선물로 줍니다.

Q.25

• Are you good at using computers?

I'm not an expert computers, but I can draw up a document on a computer and search on the Internet.

Q

컴퓨터를 잘 다룰 줄 압니까?

컴퓨터 전문가는 아니지만, 제 컴퓨터로 문서를 작성하고 인터넷을 활용할 수는 있습니다.

Q.26

• Do you have any special qualifications?

Tip 자격증에 관한 질문 대처요령

기본적으로 자신이 보유하고 있는 자격증을 영어로 미리 알아두는 것이 필요하다. 또한 자격증의 특징에 관한 설명을 간략하게 해도 좋다. 혹시 자격증이 없더라도 자신의 장점과 특기를 당당하게 얘기하면 된다.

I have a first-grade driver's license, though I'm not sure I can say that is a special skill.

Q

특별한 자격증이 있습니까?

특기라고까지 말할 수 있을는지는 모르겠지만, 운전면허 1종이 있습니다.

A

I have a driver's license and a word processing skills 2nd class's license.

A

운전면허증과 워드프로세서 2급 자격증이 있습니다.

A

I've passed the tests of business skills for abacus and shorthand.

A

저는 주산과 속기를 테스트하는 비즈니스 능력시험에 통과했습니다.

A

In this summer vacation, I was given a secretary 3rd class's license.

A

이번 여름방학 동안 비서 3급 자격증을 취득했습니다.

🏢 MEMO

A

I have not any qualifications. However, as for computer, I can operate Excel, Hangul, Powerpoint and Internet well.

A

자격증은 없습니다. 하지만 컴퓨터에 관해서는, 엑셀, 한글, 파워포인트, 인터넷을 잘 다룰 수 있습니다.

A

I obtained Information Searcher's license last year.

A

저는 작년에 정보검색사 자격증을 취득했습니다.

A

I have acquired the operating ability of Windows, MS Word, Excel, Internet through practical OA course and good at operating them.

A

저는 Windows, 한글 Word, Excel, Internet을 실무 OA과정을 통해 습득하여 능숙하게 다룰 줄 압니다.

memo

A

I have studied Japanese to be a Japanese Tour Gide for about two years and passed the Japanese Tour Guide Exam a month ago.

A

일본 여행가이드가 되기 위해 2년 동안 일본어를 공부해왔으며, 4개월 전에 일본여행 가이드시험에 합격했습니다.

A

I was certified as a CPA last year.

A

저는 작년에 공인회계사 자격을 취득했습니다.

🏠 memo

Q.27

• What do you think of your English?

Tip 영어실력에 관한 질문 대처요령

영어실력에 대한 요구는 이미 기본적인 조건으로 인식될 만큼 보편화되었다. 하지만 원어민과 상등한 실력을 갖춘 것이 아닌 이상, 자신의 생각을 즉각적으로 표현하기란 쉽지 않다. 자신이 없다면 아는 범위 내에서 최대한 활용하자. 간단하게라도 노력하는 모습을 보인다면, 후한 점수를 받을 수 있을 것이다.

A

I can't speak English very well, but I can talk if it's daily conversation.

Q

당신의 영어실력에 대해 어떻게 생각합니까?

A

영어를 잘 하는 편은 아니지만, 일상적인 대화는 할 수 있습니다.

A

I think I can speak English quite well. I learned English conversation at a school in San Francisco for three months in the summer of my third grade.

A

영어가 유창한 편이라고 생각합니다. 대학교 3학년 여름에 샌프란시스코에 있는 한 학교에서 세 달 동안 영어회화를 배웠습니다.

My English isn't very good, but I still enjoy studying English. I always listen to English conversation programs on the radio in the morning. I also take classes at a conversation school three times a week.

영어를 잘 하진 못하지만, 공부하는 것을 좋아합니다. 아침마다 라디오에서 하는 영어 회화 프로그램을 듣고 있으며, 일주일에 3번 회화학원도 수강하고 있습니다.

I can speak English as well as advanced level.

저는 상급수준의 영어를 구사할 수 있습니다.

I am convinced that one year English study experience in America and good English will be enough to carry out works of your company.

1년간의 미국 연수경험과 뛰어난 영어실력은 귀사의 업무를 수행하는 데 부족함이 없으리라고 자부합니다.

🏫 memo

I studied English in the Philippines, so I can speak it so well as I can discuss about difficult topics in English.

저는 필리핀에서 영어를 공부해 심오한 주제에 관해 토론할 수 있을 정도로 말할 수 있습니다.

Although I don't have the score of official examination, I don't have any problem in communicating like now. Of course the level of my English is not so high, but I think it's high enough to have no problem in communicating with buyers and proceeding works.

공인된 시험점수는 없지만, 지금처럼 의사소통을 하는 데 큰 문제는 없습니다. 물론 그렇게 높은 수준의 영어 실력은 아니지만 업무를 진행하고 바이어들과의 의사소통을 하는 데는 문제가 없을 만큼의 실력은 충분히 된다고 생각합니다.

As for English that is an essential tool for trading industry, I can do as well as I can proceed my work smoothly although I can't do as well as native speakers and I am trying to improve my English.

무역 업무에서 필수도구인 영어는 비록 원어민처럼은 아니지만 업무에 있어 무리 없이 진행할 정도이며, 영어실력을 향상시키기 위해 계속해서 노력하고 있습니다.

Q.28

• You speak English very well. How did you study English?

A

I have made a lot of efforts to improve my English speaking abilities
; I have been subscribing to Herald newspaper for almost two years.
I completed a two-month language course in Canada during winter
vacation last year. And after the trip to the Vancouver, I have been
attending a conversation class at a private institute which is located
near our university. Besides, I watch CNN news every morning or
evening for about an hour.

Q

영어를 아주 잘하시는데, 어떻게 공부하셨습니까?

A

저는 영어회화능력을 향상시키기 위해 많은 노력을 했습니다. 헤럴드신문을 거의 2년
동안 구독해 왔으며, 작년 겨울방학 때는 캐나다에서 2개월 어학연수과정을 마쳤습니
다. 밴쿠버 여행을 다녀온 후에는 저의 대학교 근처에 있는 사설기관에서 회화반을 다
니고 있습니다. 이외에도, 매일 아침이나 저녁에 CNN 뉴스를 한 시간 정도 시청하고 있
습니다.

🏫 memo

In my college days, I went to abroad to study English and backpack. I guess it was such precious time for me to experience foreign culture. I still stay in touch with friends by e-mail.

대학시절, 어학연수와 배낭여행을 다녀왔습니다. 그것은 저에게 해외 문화를 체험할 수 있는 아주 뜻 깊은 시간이었던 것 같습니다. 저는 아직도 그때의 친구들과 E-mail 을 통해 연락을 하며 지내고 있습니다.

I went to an English language institute for 2 years and so I have linguistic ability good enough to talk with foreigners freely.

저는 2년간 영어 학원을 다녀 외국인과 자연스럽게 대화할 수 있는 정도의 어학실력을 갖추게 되었습니다.

Q.29

• How well can you command English?

A

I got a score of 900 on the TOEIC exam last July, which is somewhat higher than the scores of average university graduates. And I have been learning to speak English at a private institute for more than two years with native American teachers. So my spoken English is not bad, either.

Q

당신은 영어를 얼마나 잘합니까?

A

지난 7월에 토익시험에서 900점을 받았습니다. 평균적인 대학 졸업생들의 점수보다 조금 높은 편입니다. 그리고 2년 이상 학원에서 미국인 선생님들과 영어회화를 공부했습니다. 따라서 영어회화실력도 썩 나쁘지 않은 편입니다.

memo

Q.30

• What did you feel the most difficult during your stay abroad?

Not understanding the foreign languages in early days was difficult. But the time was so precious as difficult.

외국에서 머무는 동안 가장 힘들었던 점은 무엇입니까?

처음에는 말이 안 통했던 것이 힘들었습니다. 하지만 힘들었던 만큼 소중한 시간이었습니다.

Though I was sometimes ignored because of being a foreigner and had money problems, I could valuate myself objectively and experience their culture.

타국인이라는 이유로 때때로 무시도 당하고 금전적 문제도 있었지만, 저 자신에 대해서 객관적으로 평가하고 그들의 문화도 접할 수 있었던 것 같습니다.

I was considered as a fool because I couldn't understand their language. But such discriminatory treatment has become a stimulation therapy that made me decide to study the foreign language harder.

그들의 언어를 알아듣지 못해서 바보취급을 받았습니다. 하지만 그러한 불평등한 대우는 오히려 외국어 공부를 더욱 열심히 해야겠다는 자극이 되었습니다.

Q.31

• What did you get there through studying abroad?

A

I could develop good English ability thanks to one-year life in Australia and self-independence that I can treat myself even in the lonely and difficult life.

Q

어학연수를 통해 얻은 것은 무엇입니까?

A

1년간의 호주생활로 탁월한 영어실력과 함께 외롭고 고된 생활 속에서도 스스로 해결할 수 있는 자립심을 키울 수 있었습니다.

Q.32

• Can you tell about your language skill?

A

I can speak Japanese. Though I don't have enough chance to use it, I have already mastered daily conversation. I don't have difficulty communicating in English now since I studied English consistently at university.

Q

당신의 외국어 실력에 대해 말해주시겠습니까?

A

저는 일본어를 할 줄 압니다. 별로 사용할 기회는 많지 않았지만, 회화까지 이미 마스터했습니다. 영어는 대학교 때 꾸준히 공부하여 지금 어느 정도의 의사소통에는 문제가 없습니다.

07

성장배경 및
인생관에 관한
짧은 질문

07 ── 성장배경 및 인생관에 관한 짧은 질문

Q.1

• What did you want to be when you were a little kid?

Tip 성장배경에 관한 질문 대처요령

자신이 겪었던 기뻤던 일, 슬펐던 일, 가장 행복했던 순간 등 기억에 남는 에피소드를 생각해두자. 이 질문 역시 면접에 있어 중요한 평가요소가 되지만 특별히 부담가질 필요 없이 있는 그대로의 사실과 자신의 느낌을 말하면 된다.

A

I wanted to be a pilot. I thought it would be wonderful to fly in the blue sky, looking down on the earth way below me.

Q

당신이 어렸을 때는 어떤 사람이 되고 싶었습니까?

A

저는 비행기 조종사가 되고 싶었습니다. 푸른 하늘을 날면서 내 아래 펼쳐진 땅을 쳐다 본다는 것이 멋질 것 같아서입니다.

memo

Q.2

• Did you often fight with your yonger brother when you were young?

A

Yes, I did. I was a little short while my younger brother was big and tall for his age. As you can imagine, we fought almost everyday until I entered middle school.

Q

어렸을 때 동생과 자주 다투었습니까?

A

예, 그랬습니다. 저는 체구가 조금 작은 편인데, 제 동생은 나이에 비해 덩치가 크고 키도 컸습니다. 상상하실 수 있겠지만, 저희는 제가 중학교에 들어가기 전까지 거의 매일 싸웠습니다.

memo

Q.3

- What was the most exciting event while growing up?

A

It was perhaps when I passed the entrance exam for college. It felt like that the world was all mine.

Q

자라면서 가장 기분 좋았던 일은 무엇입니까?

A

아마도 제가 대학 입학시험에 합격했을 때인 것 같습니다. 저는 마치 온 세상이 제 것 처럼 느껴졌습니다.

Q.4

- When was the most difficult time in your life?

A

When I was a high school student, my mother suffering from her disease passed away. Although our family got in deep grief, we had to overcome the difficulties.

Q

살아오면서 가장 어려웠던 시기는 언제입니까?

A

제가 고등학생 때, 제 어머니께서는 병으로 고생하시다가 돌아가셨습니다. 저희 가족 은 비록 깊은 슬픔에 빠졌지만, 어려움을 극복해야만 했습니다.

It was when my father went bankrupt. He offered our house as security for one of his friends' bank loans, and it went wrong. I became so hopeless that I even thought of leaving home. But my mother began to work, and after about two years, our family recovered peace and stability. One thing I learned from that experience was the preciousness of money.

아버지가 파산하셨을 때입니다. 아버지는 한 친구의 은행 대출을 위해 저희 집을 담보로 제공하셨는데, 그게 잘못된 것입니다. 저는 너무 절망하여 가출을 할 생각도 했었습니다. 그러나 어머니께서 일을 시작하셨고, 2년 정도 흐른 뒤 저희 집은 다시 평화와 안정을 되찾을 수 있었습니다. 제가 그때 경험에서 배운 한 가지 교훈은 바로 돈의 소중함입니다.

memo

As I graduated university, I opened an online shopping mall with my friends immediately. However, as we were not prepared enough and were short of capital as well as experience, we failed in business. Advance market research was not thoroughly done and the service was not differentiated. After figuring out the problem, we tried to differentiate our service and generated various ideas but the expense was too heavy and we couldn't keep up the business any longer. In spite of the failure, I could get deeper understanding on the overall online business and also accumulate significant knowhow in efficient operation perspective. Based on the experience, i'm sure that I can contribute to making differentiated service at this company.

저는 대학 졸업과 동시에 친구들과 인터넷 쇼핑몰을 창업하였습니다. 그러나 충분한 준비가 안 되어 있었고 자본과 경험부족으로 실패하였습니다. 사전 시장조사가 철저하지 못했고 차별화도 되지 못한 서비스였습니다. 나중에 문제점을 깨닫고 차별화를 시도하기 위하여 여러 가지 아이디어를 내었지만 비용이 너무 들었고 더 이상 사업을 지탱할 수가 없었습니다. 실패에도 불구하고, 이 경험을 통하여 인터넷 비즈니스에 대한 전반적인 이해도가 매우 높아졌고 효율적인 시스템 운영 측면에서는 상당한 노하우를 축적할 수 있었습니다. 이러한 경험을 토대로 차별화된 인터넷 서비스를 만드는 데 제가 이 회사에 기여할 수 있다고 확신합니다.

memo

A

After I entered University I had to get a job to pay my tuition because my family was in economic trouble. I had to work part time jobs and had to study hard to get good GPA. It was tough managing studying with two extracurricular activities, and my part time job. I overcame this difficulty by prioritizing works and strict time management. In the end I learned a valuable lesson about hard work.

A

저는 대학 입학 후에 제 가정의 경제적 어려움 때문에 등록금을 내기 위하여 일을 해야 했습니다. 저는 파트타임으로 일하면서 좋은 학점을 받기 위하여 열심히 공부했습니다. 두 개의 과외활동과 파트타임을 학업과 병행하는 것은 어려웠습니다. 저는 이러한 어려움을 일의 우선순위를 정하고 철저한 시간 관리를 통하여 극복하였습니다. 결국에는 열심히 일하는 것에 대한 가치 있는 교훈을 얻었습니다.

🏛 **memo**

Q.5

• What was the saddest thing in your life?

A

It was during the two years after my father was abruptly killed in a car accident. My mother and sister became largely speechless to the shock, and it was very difficult for me to cope well with the situation.

Q

살아오면서 슬펐던 일은 무엇입니까?

A

아버지께서 교통사고로 갑자기 돌아가신 뒤 2년 동안이었습니다. 그때 제 어머니와 여동생은 충격으로 인해 거의 아무 말도 못하게 되었고, 그 상황에 잘 대처하는 것이 제게는 너무 힘들었습니다.

🏫 **mEMO**

Q.6

• How did you overcome it?

I didn't even have the time to feel sad, because I suddenly became the breadwinner in my family as a student. From then on I have been teaching mathematics to middle school students to support my family. Now we are living peacefully, though we are not very rich.

Q

그것을 어떻게 이겨내셨습니까?

A

저는 슬픔을 느낄 시간조차 없었습니다. 왜냐하면 학생의 신분으로 갑자기 가족의 생계를 책임지게 되었기 때문입니다. 그때부터 계속 전 가족을 부양하기 위해 중학생들에게 수학을 가르쳐 왔습니다. 지금 우리는 비록 부자는 아니지만, 평화롭게 살고 있습니다.

memo

Q.7

• Do you have a lot of friends?

 Tip 대인관계에 관한 질문 대처요령

대인관계 및 교우관계에 관한 질문은 그 사람의 인간관계뿐만 아니라 사회성까지도 파악할 수 있는 항목이라 할 수 있다. 무조건 아는 사람이 많다는 것을 강조하기보다는 그들과의 관계에 있어 어떤 점을 중시하고 또 유지해 나가는지 인상 깊었던 일화를 예로 들어가며 설명한다.

I have three friends with whom I've been in close association from elementary school. We're open-minded and exchange our thoughts. I try to keep in touch with them.

당신은 친구가 많이 있습니까?

제게는 초등학교 때부터 가까이 지내는 친구들이 세 명 있습니다. 서로 마음을 트고 생각을 나누는 사이입니다. 그들과는 늘 연락을 취하도록 노력하고 있습니다.

I don't have so many close friends. There are just a few people who are truly my friends. Of course, I have many acquaintances. I like most of the people I know, but I think true friendship is more than just liking someone.

저는 친한 친구가 별로 없는 편입니다. 정말 제 친구라고 할 수 있는 사람은 몇 명 안됩니다. 물론 아는 사람은 많습니다. 모두 좋아하는 사람들이지만, 진정한 우정이란 좋아하는 것 그 이상이라고 생각합니다.

Q.8

• Did you have many friends when you were in elementary school?

A

I have three friends whom I enjoy the companionship of since elementary school. We're open-minded and exchange our thoughts. I try to keep in touch with them.

Q

당신은 초등학교 때 친구가 많았습니까?

A

어렸을 때 저는 상당히 조용한 소년이었습니다. 그래서 친구가 많지는 않았습니다. 제 주위에는 두 명 정도의 친구가 있었습니다.

memo

Q.9

• Do you still keep in touch with any of them?

Yes, I do. But one of them is now living in Japan. So I meet the other about twice a year.

그들 가운데 아직도 연락하는 친구가 있습니까?

예, 그렇습니다. 하지만 그 중 한 명은 지금 일본에서 살고 있습니다. 그래서 나머지 한 친구하고만 일 년에 두어 번 정도 만나고 있습니다.

memo

Q.10

- Tell me the name of your closest friend at high school and any interesting episode between you and him.

It is Jeon Minsu. I remember that on our way back from a school trip in high school, other friends and I yanked his pants down on the bus while he was sleeping like a log. He became so mad to find out he was almost naked, and he jabbed at me several times with his fist. But later we became real good friends.

고등학교 때 가장 친했던 친구의 이름을 말하고, 그 친구와 있었던 재미있는 에피소드를 말해보시오.

전민수라는 친구입니다. 고등학교 수학여행을 갔다 오는 길에, 버스에서 다른 친구들과 저는 그 친구가 곤히 잠든 사이에 바지를 끌어내렸습니다. 나중에 자기가 거의 알몸이라는 것을 발견하자 그는 화가 나서 주먹으로 절 몇 차례 때렸습니다. 하지만 그 후에 우리는 정말 친한 친구가 되었습니다.

memo

Q.11

• What does your friends mean to you?

Friends are whom I can call whenever I am in difficult situations. I think friends has to be such existence to each other.

당신에게 친구는 어떤 의미입니까?

친구란 제가 어려운 상황에 처해 있을 때마다 부를 수 있는 사람입니다. 친구란 서로에게 그런 존재여야 한다고 생각합니다.

Q.12

• Do you have confidence to keep good relationship with people?

I'm confident of relationship with people. So I could apply for the job as a salesman in which personal relationship is more important than any other else.

좋은 대인관계를 유지할 자신이 있습니까?

대인관계에는 자신 있습니다. 그래서 무엇보다 사람들과의 관계가 중요한 영업직에 지원할 수 있었습니다.

Q.13

• You have broad relationship. Don't you have many people who are really close to you?

A

No, I don't. I have a few friends who will run to me when I am in trouble. If I didn't have many friends but acquaintances, I can say that I have problems dealing with people.

Q

대인관계가 무척 넓으신데, 진정으로 가까운 사람이 별로 없는 것 아닙니까?

A

그렇지 않습니다. 제게는 어려울 때 즉시 달려와 줄 친구가 몇 명 있습니다. 아는 사람만 많고 진정한 친구가 없다면 그것은 대인관계를 제대로 유지하지 않은 것이라 할 수 있습니다.

memo

Q.14

• What was your favorite subject in high school?

Tip 학교생활에 관한 질문 대처요령

학업과 관련한 질문은 성적으로서 지원자를 평가하려는 것이 아니라 좋아하는 과목 및
교내활동 등의 사항을 통하여 그 사람의 성향이나 단체생활에서의 모습, 참여도 등을
파악하기 위함이라 할 수 있다. 당황하지 말고 가벼운 마음으로 질문에 임한다.

I liked Chinese the most. I especially liked to memorize Chinese
vocabulary.

고등학교 때 가장 좋아했던 과목은 무엇입니까?

저는 중국어를 가장 좋아했습니다. 특히 중국어 단어 암기하는 것을 좋아했습니다.

memo

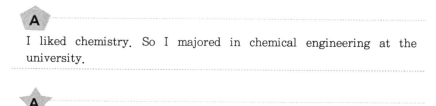

I liked chemistry. So I majored in chemical engineering at the university.

화학을 좋아했습니다. 그래서 대학에서도 화학공학을 전공했습니다.

My favorite subject was history. I liked learning about how the world was changing before I was born. And I'm interested in the history behind countries of the world today.

제가 좋아했던 과목은 국사였습니다. 제가 태어나기 전에 세상은 어떻게 변해왔는지 공부하는 것을 좋아했습니다. 그리고 오늘날 세계 여러 나라들의 역사적 배경에 관심이 있습니다.

memo

Q.15

• Do you remember any of your high school teachers?

A

I remember Mr. Choi Jinhwan, who was in charge of our class when I was in the third grade. He taught us Korean. During his class he always recited classic and modern poems together with his own interpretation of them, not like other teachers who always told us to simply memorize grammatical formulas and poems as written in our texts just to acquire high scores on the university entrance exam.

 Q

고등학교 선생님 중에서 기억에 남는 선생님이 있습니까?

 A

저는 3학년 때 저희 반 담임이셨던 최진환 선생님이 기억납니다. 그는 국어를 가르치셨는데, 오직 대학 입학시험에서 좋은 성적을 얻기 위해서 교과서에 적혀있는 대로 문법공식과 시를 외우라고만 항상 말씀하시는 다른 선생님들과는 다르게 수업시간에 항상 자신의 해석을 덧붙인 고전 및 현대시를 낭독해 주셨습니다.

 memo

Q.16

• What subject did you dislike the most in high school? And why?

A

It was mathematics. I was, and still I am, not very good at numbers.

Q

고등학교 때 어떤 과목을 가장 싫어했습니까? 그 이유는요?

A

수학이었습니다. 지금도 여전히 그렇지만 그때 저는 숫자에 정말 약했거든요.

Q.17

• How about your records at university?

A

My overall records at university were not so good. If I am given disadvantageous treatment due to my poor records, I can't help it. But I don't regret it because I enjoyed various activities.

Q

대학시절 당신의 성적은 어땠습니까?

A

제 전반적인 성적은 그다지 좋지 않았습니다. 그렇게 좋지만은 않은 성적 때문에 불리한 대우를 받는다면 어쩔 수 없겠지만, 다양한 활동을 했기 때문에 후회는 하지 않습니다.

Q.18

- What was your major at university?

A

I specialized in tourism. I've already learned a lot in the classroom and I hope to be able to make practical use of it in business.

Q

대학에서 전공이 무엇입니까?

A

관광학을 전공했습니다. 학교에서 많은 것을 배웠으니 실무에 사용될 수 있었으면 좋겠습니다.

Q.19

- What was your graduation thesis on?

A

I did my thesis on the differences between South Korean and North Korean linguistic habits.

Q

당신의 졸업논문의 주제는 무엇이었습니까?

A

한국 사람과 북한 사람의 언어습관의 차이에 대해 썼습니다.

• What is your view of life?

 인생관에 관한 질문 대처요령

자신의 평소 좌우명을 얘기하고 그 이유와 함께 어떻게 실천하고 있는지를 설명한다.
만약 좌우명이 없다면, 쉽고 간단하지만 평소 자신의 생각을 잘 표현할 수 있는 단어를
사용하여 설명하도록 한다.

Not to put off till tomorrow what you can do today. Putting things off
just makes it worse later, so even if it's hard at the time, I try to get
things done that day and not let them go.

당신의 인생관은 무엇입니까?

오늘 할 수 있는 일을 내일로 미루지 않는 것입니다. 일을 미루면 나중에 더욱 힘들어
지므로 그때는 조금 고달프더라도 미루지 않고 그때 하려고 노력합니다.

📖 MEMO

I think life is full of joys and sorrows, and it is up to us whether we can make it happier or sadder. What we have to learn is to feel content with what we already have today, not to sigh for what we don't have yet. For me, what is more important is how we make our everyday life meaningful, not what we get or what we become.

인생은 즐거움과 슬픔의 연속이며, 인생을 더욱 즐겁거나 슬프게 만드는 것은 우리 자신에게 달려 있다고 생각합니다. 우리가 배워야 할 것은 이미 지금 가지고 있는 것은 만족하고, 아직 가지고 있지 않은 것에 대해서는 한숨짓지 않는 것입니다. 더욱 중요한 것은 우리가 무엇을 얻느냐, 또는 무엇이 되느냐 하는 것보다 우리가 하루하루를 의미 있게 만드는 것이라고 생각합니다.

My view of life is to become a positive person. If I shoud change mind and thought I can change behavior If I repeat good behavior I would cultivate a good habit. Namely, good life style needs positive thought thinking.

저의 생활신조는 '긍정적인 사람이 되자' 입니다. 마음과 생각이 바뀌어야 행동이 바뀌고 그 행동을 반복함으로써 습관이 길러지듯 좋은 생활 습관을 위해서는 긍정적인 마음가짐이 필요하다고 생각합니다.

 memo

My life motto is not 'incorrect' but 'different.' I try to embrace and agree to disagree generously, instead of excluding others who have different ideas from mine.

제 인생관은 '틀리다'가 아닌 '다르다'입니다.
나와 생각이 다르다고 배척하지 않고 너그러운 마음으로 포용하고 차이를 인정하기 위해 노력합니다.

memo

Q.21

• What do you think the most important thing in life to achieve happiness is?

I think peace at home is the basis for all happiness. And then we must learn to derive satisfaction from what we have fulfilled, no matter how trivial it may be. Dissatisfaction, I believe, is the cause of most despair.

당신은 행복을 얻기 위해 인생에서 가장 중요한 것이 무엇이라고 생각합니까?

가정의 화목이 모든 행복의 바탕이라고 생각합니다. 그 다음에 우리는 아무리 사소한 것이라도 우리가 이미 실행한 것들로부터 만족을 찾는 법을 배워야 합니다. 저는 불만족이야말로 모든 절망의 원인이라고 믿습니다.

🏠 **мемо**

Q.22

• What is your dream in life, and how are you going to accomplish it?

A

I wish to be able to say, "I haven't lived for nothing." when I die. In order to do so, I am trying to live today as if it were the last day of my life. As a specific living principle, I make it a goal to help others at least once a day.

Q

인생에 있어 당신의 꿈은 무엇입니까? 그리고 어떻게 그것을 이룰 것입니까?

A

제가 죽을 때 "아무 의미 없이 살지는 않았다."는 말을 할 수 있으면 좋겠습니다. 그러기 위해 오늘이 제 인생의 마지막 날인 것처럼 생각하며 살려고 합니다. 구체적인 생활 원칙으로는, 하루에 최소한 한 번쯤은 다른 사람을 돕겠다는 목표가 있습니다.

 MEMO

Q.23

• What is your favorite word?

 A

It is 'dream.' I think life itself is full of suffering, and thus we cannot go on without dream.

Q

당신이 가장 좋아하는 단어는 무엇입니까?

A

바로 '꿈'입니다. 저는 인생 자체가 고난으로 가득 차 있다고 생각하며, 그러므로 꿈이 없으면 견뎌나갈 수 없다고 생각합니다.

 Q.24

• What are the basic living principles you apply to your everyday life?

 A

I make it a rule to get up before seven o'clock in the morning and go to bed before midnight. I try to exercise more than three hours a week, and not to speak ill of others behind their back.

 Q

당신이 일상생활에서 적용하는 기본 생활원칙은 무엇입니까?

A

저는 아침 7시 이전에 일어나고 자정 전에 자는 것을 원칙으로 하고 있습니다. 일주일에 세 시간 이상 운동을 하고, 다른 사람 뒤에서 그들의 험담을 하지 않으려고 합니다.

I try to keep to a regular life every day. When I don't, my body isn't in good shape, and neither is my mind. So I've been keeping to a schedule ever since childhood.

매일 규칙적인 생활을 유지하려고 노력합니다. 그렇지 않으면, 몸 상태도 나빠지고 정신적으로도 안 좋아져 버립니다. 그래서 저는 어렸을 때부터 이것을 지켜오고 있습니다.

I have been trying to make myself confident in doing something though I failed in it several times.

어떤 일에 있어 여러 번 실패를 겪더라도 자신감을 잃지 않으려 노력해오고 있습니다.

memo

Q.25

• What would you do if you knew the earth were going to collapse tomorrow?

 A

I would meet or call my family, and tell them I was happy to have lived together with them, and I would hope to meet them in heaven.

 Q

만약 지구가 내일 멸망할 것을 안다면, 오늘 무엇을 하겠습니까?

A

가족들과 만나거나 전화를 해서, 그들과 함께 살아온 것이 행복했으며 천국에서도 만나기를 바란다고 말하겠습니다.

 memo

• How do you handle stress?

I accept certain amount of stress to be necessary for me to work in discipline. However, I have several methods to avoid too much stress. First, I do excercise regularly. After I sweat at the health club nearby my home I get refreshed. Second, Building up relationship with my friends greatly helps me to relieve mental burden. With these methods, I could not only handle stress but achieve physical and mental health.

Q

당신은 스트레스를 어떻게 다루십니까?

A

저는 어느 정도의 스트레스는 기강 있게 일하기 위하여 필요하다고 수용합니다. 하지만 지나친 스트레스를 피하기 위하여 몇 가지 방법들이 있습니다. 첫째, 저는 운동을 정기적으로 합니다. 집 근처에 있는 헬스클럽에서 땀을 흘리고 나면 재충전이 됩니다. 둘째, 친구들과 관계를 돈독히 하는 것은 정신적인 부담을 경감시키는데 큰 도움이 됩니다. 이러한 방법들로 저는 스트레스를 다룰 수 있을 뿐만 아니라 육체적, 정신적 건강을 이룰 수 있었습니다.

 memo

업무능력에 관한
짧은 질문

업무능력에 관한 짧은 질문

• What kind of work would you like to do for us?

Tip 업무능력에 관한 질문 대처요령

다양한 상황에 따른 질문이 쏟아질 수 있는 항목이다. 다소 압박적인 질문으로 자원자의 업무능력을 파악하기 위한 것이므로 당황하지 않도록 업무와 관련한 정보를 알아두자.

 A

I'm sure any line will go well with me. But I wish to play the role as a member of the publicity department.

 Q

우리 회사를 위해 어떤 일을 하고 싶습니까?

A

어떤 부서에서든 잘할 수 있다고 확신합니다만, 홍보부의 일원으로서 일하고 싶습니다.

🏠 **MEMO**

A

I'd like to work in the sales division because of my positive personality and the way I deal with people.

A

적극적인 성격과 원만한 대인관계 때문에 영업부에서 근무하고 싶습니다.

A

Above all, I can proceed international business on Sports Marketing very effectively.

A

무엇보다도 스포츠 마케팅에 대한 국제적인 업무를 효율적으로 진행할 수 있습니다.

memo

Q.2

- How do you feel about working overtime?
- Is it possible for you to work overtime?

If necessary, I'm not reluctant to work overtime.

- 시간 외 근무에 대해 어떻게 생각합니까?
- 시간 외 근무도 가능합니까?

필요하다면, 시간 외 근무를 기꺼이 하겠습니다.

I can make arrangements to be available on the weekend, if necessary, though I do prefer to have at least twenty-four hours notice.

필요하다면, 주말에도 나와서 일할 수 있지만, 최소한 하루 전에는 통지해주셨으면 좋겠습니다.

No problem. In an emergency, I don't hesitate to work all night.

문제없습니다. 비상시에 철야도 주저하지 않고 하겠습니다.

Q.3

• What kind of working attitude is desirable at the company?

You actively have to find your works yourself. The human resource that is certainly necessary for the development of a company is the person who can find his works himself.

Q

회사에서 어떠한 업무태도가 바람직합니까?

A

적극적으로 자신이 할 일을 찾아 하는 것이라고 생각합니다. 한 회사의 발전에 반드시 필요한 인재란 자기 일을 스스로 찾아서 할 줄 아는 사람일 것입니다.

memo

Q.4

• What is our merit when we take you?

I enjoy constant lots of activity and development. It helps me work more productively when I see how busy everyone else is, too.

Q

당신을 채용할 때 우리 회사의 이점은 무엇입니까?

저는 끊임없는 활동과 개발을 좋아합니다. 이것은 다른 사람들이 얼마나 바쁜 지를 볼 때 저 또한 더욱 생산적으로 일하게 만듭니다.

I am sincere and have fast understanding. In addition, I put great care into my work and so find problems that people can't expect or find.

저는 성실하고 이해력이 빠른 편입니다. 게다가 업무를 함에 있어 매우 꼼꼼한 편이어서 다른 사람들이 예상하지 못하거나 발견하지 못한 문제들을 찾아내곤 합니다.

I enjoy change and challenge, which is why I frequently ask for the tough assignments.

저는 변화와 도전을 좋아해서 어려운 과제를 자청하기도 합니다.

I enjoy constant activities and developments. It helps me work more productively when I see how busy everyone else is, too.

저는 문제를 빨리 이해하고 해결책을 찾아내는 편입니다.

I hope to get a chance to work more professionally and systematically in the effective structure of your company by using my experience up to now. If I can get a chance to fulfill my hope as well as the vision of your company, I am sure I will be a big help to the development of both your company and me.

저는 현재까지의 제 경험을 바탕으로 귀사의 효율적인 업무구조 속에서 보다 전문적이고 체계적인 업무를 수행하고자 하며, 이런 제 희망이 귀사의 비전과 함께 성취될 수 있는 기회가 주어진다면, 저와 귀사의 발전에 큰 도움이 될 것이라고 확신합니다.

memo

Q.5

• Do you have any program that you want to plan?

A

I hope to make a program that every generation can recognize sometime. It's my dream to plan the programs that reflect the trends of new generation enough and elderly people can recognize.

Q

기획하고 싶은 프로그램이 있습니까?

A

언젠가 모든 세대가 공감할 수 있는 프로그램을 만들고 싶습니다. 신세대의 트렌드를 충분히 반영하면서 기성세대도 공감할 수 있는 그런 프로그램을 기획하는 것이 제 꿈입니다.

🏢 **memo**

Q.6

• What is the most important as a secretary?

A

I think it's thoroughness. Of course although you have to do everything thoroughly in any sector, the responsibility as a secretary is very big because she is in charge of other's work.

Q

비서로서 가장 중요한 것이 무엇입니까?

A

철저함이라고 생각합니다. 물론 어떤 분야에서든 모두 철저 해야겠지만, 특히 다른 사람의 업무를 맡고 있으므로 그 책임이 막중하다고 할 수 있습니다.

 MEMO

• Have you ever commanded or supervised?

Although I haven't been in charge of such duty, I think I have enough ability to operate a team considering my experiences and knowhow that I got for the last years.

지휘하거나 감독해 본 적이 있습니까?

그런 직책을 맡아 본 적은 없습니다만, 그 동안의 제 경력과 노하우를 고려해 볼 때, 팀을 운영할 수 있는 능력이 충분하다고 생각합니다.

memo

Q.8

• Do you ever have any part-time job before?

Sure, I have. When I was in university I used to work in a fast-food restaurant as a waitress.

전에 아르바이트를 해 본 적이 있습니까?

물론 있습니다. 대학교 때 패스트푸드 식당에서 웨이트리스로 일했었습니다.

 memo

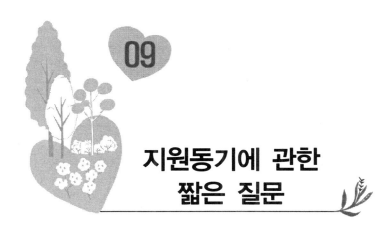

09

지원동기에 관한
짧은 질문

Q.1

- Why do you want to work for us?
- Are there any specific reasons why you want to work for us?
- Why do you want this job?
- What interests you about our company?
- Why are you applying to our company?
- What made you choose this job?

Tip 지원동기에 관한 질문 대처요령

각 분야별 특성과 자신이 지원하는 회사가 추구하는 인재상 등 관련 정보를 파악하여 지원회사에 대해 오랫동안 관심을 가지고 있었다는 인상을 심어주자. 그 회사의 제품이나 실적을 예로 들어 자신이 받은 인상이나 그것에 대한 의견을 말하는 것도 좋다. 지원 분야에 대한 지식을 미리 쌓고 자신의 장점과 더불어 부각시키면 더욱 효과적일 것이다.

A

Because, I have thought a lot about being an accountant since I was in high school. And I think working, as an accountant, would give me the best opportunity to use the knowledge I studied in university.

 memo

- 왜 우리와 일하기를 원합니까?
- 우리와 일하고 싶은 뚜렷한 이유가 있습니까?
- 왜 이 직업을 원합니까?
- 우리 회사에 대해 어떤 관심이 있습니까?
- 왜 우리 회사를 지원했습니까?
- 왜 이 직업을 선택하게 되었습니까?

왜냐하면, 저는 고등학교 때부터 회계사에 대해 많은 관심이 있었기 때문입니다. 그리고 회계사로 일한다면 일을 통해서 제가 대학교에서 공부했던 많은 지식들을 사용할 수 있는 최고의 기회를 가질 수 있을 것이라 생각하기 때문입니다.

I think this job has a great future and I'll be able to develop my own capabilities here. That's why I applied.

제가 생각하기에 이 직업은 장래가 아주 밝고, 제 자신의 능력을 키워 나갈 수 있는 곳이라고 생각합니다. 이것이 제가 지원한 이유입니다.

By the merest chance, I heard that you deal with the business that I have a lot of interest in. At that time, I complain about the working condition of present job and with hope to show my ability well, I have applied like this.

아주 우연한 기회에, 귀사가 제가 원하는 분야의 사업을 하신다는 얘기를 들었습니다. 마침 현재 직장의 근무조건이 맘에 들지 않았고, 제 능력을 제대로 펼쳐 보이고 싶어 이렇게 지원하게 되었습니다.

I know this field. I'm sure my experience will bear fruit here.

저는 이 분야를 잘 알고 있습니다. 제 경험으로 귀사에서 성과를 거둘 수 있을 것이라 확신합니다.

It was your location that attracted me the most. I was born and raised in Seoul, and now I want to find a job here and settle down this area.

위치가 가장 마음에 들었습니다. 저는 서울에서 태어났고, 또 성장했기 때문에 이곳에서 직장을 구해 정착하고자 합니다.

I am applying to this job because you are very stable and have good potential for growth.

저는 이 직업이 매우 안정적이고, 성장할 수 있는 잠재력을 지니고 있다고 생각하기 때문에 지원했습니다.

A Our company is a place where my qualifications can make a difference. I was always interested in this field of business which is not quite popular yet. According to the company's web site, the launch of several new products is imminent. I want to be a part of this business as it grows with my specialty in marketing & sales.

우리 회사는 저의 능력이 차별화될 수 있는 곳입니다. 저는 아직 그다지 인기가 없는 이 분야 사업에 항상 관심이 있었습니다. 회사의 홈페이지에 따르면 몇 개의 신제품 출시가 임박한 것으로 알고 있습니다. 저는 이 사업에 제 전문분야인 마케팅과 세일즈로 성장을 함께 하고 싶습니다.

When I was in college, I had an opportunity to participate at Industry-University collaboration project which objective was to improve productivity by integrating business management and IT technology. That was the first time I got to know about the company's solution and it motivated me to study about IT along with business management which was my major. In accordance with the trend of integration and convergence between different fields, it was a trigger for me select IT related subjects and study on those fields. Our company has world wide reputation in integrating business management with IT and it has great future potential. Especially, I'm sure that my experience and what I have studied match well with the job position that I applied.

제가 대학에서 산학협력 프로젝트에 참여할 기회가 있었는데 경영과 IT 기술을 접목하여 해당 기업의 생산성을 높이는 과제였습니다. 그때 처음 이 회사의 솔루션에 대해서 알게 되었고 전공인 경영학뿐만 아니라 정보기술에 대한 공부도 필요하다는 것을 깨닫게 되었습니다. 점차 여러 분야의 통합과 융합이 필요해지고 있는 추세에 발맞추어 저도 IT와 관련된 과목들을 많이 선택하였고 공부하게 된 계기가 되었습니다. 이 회사는 경영과 IT 접목에 세계적인 명성을 가지고 있고 앞으로 발전 가능성도 많다고 생각합니다. 특히, 제 경험과 공부한 분야와 금번 지원한 직무 포지션에 매우 잘 부합된다고 확신합니다.

Q.2

• What standard did you take to choose companies?

 A

First of all, I thought about my major. And then I considered which company knows the values of human resource and has intension to develop it.

 Q

회사를 선택할 때의 기준의 무엇입니까?

A

무엇보다도 제 전공을 고려했습니다. 그리고 인재의 가치를 알고 그것을 키워 줄 의향이 있어 보이는 회사를 선택했습니다.

 memo

Q.3

• How long are you going to work for us if you are hired?

 A

I hope I can work here as long as possible. I think the nature of all big organizations is very similar, with minor differences in details. So it doesn't seem very wise to me when I see people who move from this company to another for small improvements in their salaries.

 Q

만약 채용이 되면, 얼마나 오래 일하실 생각입니까?

A

가능한 한 여기서 오래 일하고 싶습니다. 세부적이 것은 약간의 차이가 있겠지만 큰 조직들의 생리는 대부분 비슷할 것이라고 생각합니다. 그러므로 저는 약간의 급여 차이 때문에 이 회사 저 회사로 옮겨 다니는 사람들을 보면 그다지 현명한 것 같지 않습니다.

🏢 **memo**

Q.4

• Why do you want to change your job?

 A

Because I would like to gain more experience with a superior trading company like yours.

 Q

왜 직장을 옮기려고 합니까?

 A

귀사와 같이 우수한 무역회사에서 더 많은 경험을 쌓고 싶어서입니다.

 A

I would like to become a person who grows with company. Of course although I can work in a very stable basis at a large enterprise, my role will be very worthless. I will feel much more accomplishment and fruitful if I can see my company growing for my roles.

 A

저는 회사와 함께 크는 사람이 되고 싶습니다. 물론 대기업은 훨씬 더 안정적이지만, 제 역할이 많이 미치지 못할 것입니다. 저의 역할이 회사의 성장에 기여하는 것을 보면 훨씬 더 성취감과 보람을 느낄 수 있을 것입니다.

 MEMO

My main reason for change my job is I'd like to get a job in which I can get a good opportunity for advancement in the future.

제가 직장을 옮기려고 하는 가장 주된 이유는 미래에 발전할 수 있는 좋은 기회가 많은 직업을 갖고 싶기 때문입니다.

I examined many companies doing business that I have interest in long time ago and I found a company that can trust my potential. And finally I applied for your company.

제가 관심 있는 분야의 기업들에 대해 오래 전부터 조사해 왔었고 그중 저의 잠재력을 믿어줄 수 있는 회사를 찾았습니다. 그리고 마침내 귀사에 지원한 것입니다.

I made a lot of efforts to approach this field harder than others because I realized this is my interest late. I am convinced I will be able to show my ability and passion that is potentially in me.

뒤늦게 제 관심분야를 깨달았기 때문에 남들보다 더욱 열심히 이 분야에 접근하기 위해 많은 노력을 했습니다. 저의 잠재된 능력과 열정을 보여드릴 수 있을 것이라 확신합니다.

мемо

Q.5

- What do you expect in your new working place?

A

I would like you to treat me according to my ability when I accomplished results more than expected.

Q

새 직장에 무엇을 기대합니까?

A

기대 이상의 성과가 있었을 때 제 능력에 따른 대우를 해주셨으면 좋겠습니다.

Q.6

- Can you tell me why you are here today?

A

I wanted challenge in my career. When I see your advertisement, I was convinced that this is the one opportunity I shouldn't pass up.

Q

오늘 왜 여기에 오셨는지 말씀해 주시겠습니까?

A

제 경력에 도전하고 싶었습니다. 귀사의 광고를 보고, 이것은 포기할 수 없는 하나뿐인 기회라고 확신했습니다.

Q.7

- Why did you choose a trading company?

There are some products necessary to Korean market and a trading company can introduce them. I wanted to take my part in the important place where is like bridge between products and market.

무역회사를 선택한 이유는 무엇입니까?

우리나라 시장에 필요한 몇 가지 상품이 있으면, 무역회사에서 그것들을 소개할 수 있습니다. 저는 상품과 시장 사이에서 다리와 같은 중요한 역할을 맡고 싶었습니다.

memo

10

직업관에 관한
짧은 질문

* Tell me what you think a job is.

Tip 직업관에 관한 질문 대처요령

자신이 직업을 가지려는 이유와 목적을 묻는 질문이다. 너무 거창하고 어렵게 생각하지 말고 직업을 선택하는 기준이나 앞으로의 포부, 그리고 평소 자신이 생각하는 직업에 대해 솔직하게 답변한다.

A

A job is a way to make a living so that my family and I can keep our lives stable. Furthermore, it is also a way to develop myself as a mature grown up.

Q

당신이 생각하는 직업이란 무엇인지 말해 보세요.

A

직업이란 저와 저희 가족의 생활을 안정되게 유지할 수 있는 생계 수단입니다. 게다가 그것은 제가 성숙한 어른으로 자신을 발전시키는 방법이기도 합니다..

memo

I would like to have a very positive attitude to work. Because I think one of the best ways I can express my ability is through my work.

저는 업무하는 데 있어 적극적인 자세로 임하고 싶습니다. 제 능력을 표현하는 가장 좋은 방법은 일을 통해서라고 생각하기 때문입니다.

I think three important things for doing one's job is a passion, an effort, and a responsibility. I will do my best for my work, learn what I lack, and positively face any kinds of hardships which come before me.

일을 하는 데 있어 중요한 세 가지는 열정, 노력, 그리고 책임감이라고 생각합니다. 저는 제 일에 최선을 다하고, 부족한 점은 배우며, 제게 닥치는 어떤 어려움도 적극적으로 대처해 나갈 것입니다.

My attitudes toward my job are patience and sincerity. I never give up my job until it is done. I believe that my patience and sincerity will make my fellows respect for me. I am a doer, not a talker.

저의 직업관은 인내와 성실입니다. 저는 일이 끝날 때까지 절대 중도포기하지 않습니다. 저는 제 인내와 성실이 제 동료들이 저를 존경하게 할 것이라고 믿습니다. 저는 말로만 그치는 사람이 아니라 행동으로 옮겨 보이는 사람입니다.

The place that I can do the work I wanted to do and the opportunities that I can show my ability is given much I think is the most ideal working place.

제가 원하는 일을 할 수 있고, 제 능력을 발휘할 기회가 최대한 주어지는 곳이 가장 이상적인 직장이라고 생각합니다.

Q.2

• Can you tell me about your aspiration?

We have to be able to do all the things from the beginning. I have the attitude that respect others and learn from seniors.

Q

당신의 포부에 대해 말해보시겠습니까?

모든 일은 처음부터 할 줄 알아야 합니다. 다른 사람을 존경하고, 선배로부터 배우려는 자세로 일하겠습니다.

If there is any shortage, I will study and finally make it out.

A

부족한 부분이 있으면 최선을 다해서 배우고, 반드시 해내겠습니다.

A

I think I have to challenge new things and face difficult situations in order to develop myself.

A

제 자신의 성장을 위해 새로운 것에 도전하고 어려운 상황에 부딪혀 봐야 한다고 생각합니다.

Q.3

• Why do you think we need a job?

A

I think people work to meet their goals in life.

Q

왜 직업이 필요하다고 생각합니까?

A

사람들은 인생에 있어 자신의 목표를 충족시키기 위해 일을 한다고 생각합니다.

Q.4

• What do you think of the attitude and performance of female workers?

A

I think both of men and women sweat for their own future as the young of these times.

Q

당신은 여직원들의 자세와 업무성과에 대해 어떻게 생각합니까?

A

저는 남자든 여자든 이 시대의 젊은이로서 자신의 미래를 위해 땀 흘리는 것은 별다를 바가 없다고 생각합니다.

I think that so far they have not been fairly treated for their hard work. I think that, in order to utilize the good labor force of well-educated women for the development of our country, all of the concerned parties should try to make a better environment for women to work ; the government, company management, the female workers and their husbands.

지금까지는 여성들이 그들의 노고에 비해 정당한 대우를 받지 못했다고 생각합니다. 고학력 여성들의 고급 노동력을 활용하여 나라의 발전을 도모하기 위해서는 관련 당사자들이 모두 여성이 일할 수 있는 더 나은 환경을 만들기 위해 노력하여야 한다고 저는 생각합니다. 정부, 회사 경영진, 여성 노동자, 그리고 그들의 남편들 말입니다.

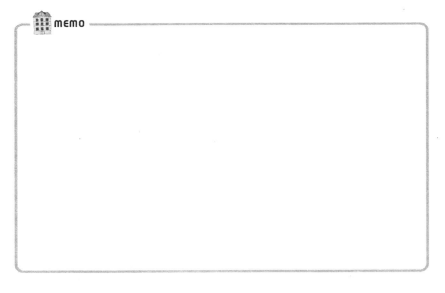

memo

Q.5

- If you were a CEO of our company, what would you do first of all?

 A

If I were a CEO of our company, I would first of all initiate a program that can innovate our company to gain competitiveness in the industry. The initial program will last about 5 month to figure out what the problems are within the company and make a master plan with action plans for next 5~10 years.

 Q

당신이 우리 회사 CEO라면 가장 먼저 무엇을 하시겠습니까?

 A

제가 만약 우리 회사의 CEO라면 제일 먼저 산업에서 경쟁력을 확보할 수 있는 프로그램을 시작하겠습니다. 첫 프로그램은 약 5개월이 소요될 것인데 회사 내 문제들이 무엇인지를 파악하고 향후 5~10년간의 마스터플랜과 실행과제들을 만들 것입니다.

 мЕмO

If I were CEO of this company, I would first of all suggest future vision which every employee appreciates. I figured out from the web site of this company that both the future business strategy and company vision should be more in accorded with each other. After suggesting vision, I would discover new source of growth and based on this work, I would establish strategy for detail action plan to gain source of growth.

제가 이 회사의 CEO라면 가장 우선 모든 직원들이 공감할 수 있는 미래 비전을 제시하겠습니다. 제가 웹사이트에서 파악한 바로는 미래 사업전략과 회사 비전이 보다 일치해야 한다는 것입니다. 비전을 제시한 이후에 그것을 달성하기 위한 새로운 성장 동력을 발굴하고 이를 바탕으로 성장 동력 확보를 위한 구체적인 방안을 전략으로 수립하도록 하겠습니다.

🏢 **MEMO**

11

시사상식에 관한
짧은 질문

• How can we use 3D printers in our real life?

There are many good ways to use them in our real life. I want to tell about a way to use them for aids for the handicapped. Aids for the handicapped are expensive and don't fit well with a person's body shape and size because they are usually made on a mass production basis. We can make them cheaper and more comfortable to use if we can use 3D printers.

3D 프린터를 실생활에서 사용할 수 있는 방법에는 어떤 것이 있습니까?

그들을 실생활에서 사용하기 위한 좋은 방법은 많습니다. 저는 그 중 장애인 보조 기구에 사용하는 방법에 대해 이야기 하고 싶습니다. 장애인 보조 기구는 비싸고 대부분 대량생산으로 만들어지기 때문에 어떤 사람의 신체 모양과 크기에는 어울리지 않습니다. 3D 프린터를 이용하면 이와 같은 기구들을 보다 저렴하고 사용하기 편리하게 만들 수 있을 것입니다.

MEMO

• Could you tell us what IFRS is?

A

IFRS is abbreviation of International Financial Reporting Standard. This is promoted internationally to foster transparency and unity among world financial standards. In Korea, It is a mandatory for all the listed companies to adopt the standard by 2011. Important difference with current standard is that it is based on consolidated financial statement. And accounts are more flexible while current accounts are fixed.

Q

IFRS가 무엇인지 설명해 주시겠습니까?

A

IFRS는 International Financial Reporting Standard의 약자입니다. 이것은 국제적으로 추진되는 것으로서 투명성과 세계 재무 표준들 간 통일성을 촉진하기 위한 것입니다. 한국에서는 상장된 기업들은 이 표준을 2011년까지 의무적으로 도입해야 합니다. 현재 표준과 가장 다른 점은 연결재무제표를 기반으로 한다는 것입니다. 그리고 현재 계정 과목들은 고정되어 있는 반면 계정과목들이 더 융통성이 있습니다.

MEMO

Could you explain what ROI is?

ROI is abbreviation of Return On Investment. It is the ratio of money gained or lost on an investment relative to the amount of money invested. ROI is used when you make investment decision or evaluating the result of investment.

투자수익률에 대해서 설명해보십시오.

ROI는 Return On Investment의 약자입니다. 투자된 돈에 비례하여 이익이나 손실을 낸 비율을 나타내는 것입니다. ROI는 투자 의사 결정을 내리거나 투자에 대한 결과를 평가할 때 사용합니다.

Q.4

• Could you tell us what KPI means?

A

KPI is an abbreviation of Key Performance Index. KPI is set to monitor performance of tasks that aim to achieve the strategic goal of the company. For instance, if the company's goal is to become top performing leader in the industry, it should have detailed objectives such as how much revenue, and how much cost should be reduced. In this case, KPI can be decided as "revenue per employee" and "cost per employee" to track how well the company is achieving her goal.

 Q

KPI가 무엇을 뜻하는지 설명해 주시겠습니까?

 A

KPI는 Key Performance Index의 약자입니다. KPI는 기업의 전략적 목표를 달성하기 위하여 업무들의 성과를 모니터하기 위하여 설정됩니다. 예를 들어, 기업의 목표가 산업 내에서 선도하는 성과를 내기 위한 것이라면 매출 정도, 그리고 비용이 얼마만큼 절감되어야 할지 등의 구체적인 목표가 있어야 합니다. 이러한 경우 KPI는 "직원 1인당 매출", 그리고 "직원 1인당 비용"으로 결정되어 기업이 얼마나 목표를 잘 달성하는지 추적할 수 있습니다.

🏢 **memo**

Q.5

• How does low interest rate influence to our economy?

Low interest rate increase money supply in the market. This provides better accessibility to the money for the people and give less burden to the people who already have debt. With this environment, people can spend more money and foster economic growth. However, excessive money supply can cause inflation which makes commodity price increase and giving burden to the people.

우리경제에 저금리는 어떠한 영향을 미치는가?

낮은 금리는 시장에 돈의 공급을 증가시킵니다. 이것은 사람들에게 돈에 대한 접근성을 높이고 이미 부채를 지고 있는 사람들에게는 부담을 경감시켜줍니다. 이러한 환경에서 사람들은 돈을 더 지출하고 경제성장을 촉진시킵니다. 그러나 과도한 돈의 공급은 인플레이션을 유발하여 물가를 상승시키고 사람들에게 부담이 될 수 있습니다.

메모

Q.6

• What do you think about job sharing?

A

If the policy is implemented in a right way, it should be beneficial to both the company and employee. For example, If the market demand is volatile and currently there are less demand but expected to rebound soon, company can keep skilled manufacturing workers for future resource when the business is at peak. Also, employees will feel more secure at their job and company loyalty as well as team work will improve.

Q

잡 셰어링에 대해서 어떻게 생각하십니까?

A

정책이 적절히 잘 도입된다면 회사와 고용인들 둘 다 이익이 될 것입니다. 예를 들어, 만약 시장 수요가 불안정하고 현재는 적은 수요가 있지만 곧 회복될 것으로 예상된다면, 회사는 미래에 사업이 최고조일 때를 위한 미래 자원으로서 숙련된 생산 노동자들을 유지할 수 있습니다. 또한, 고용자들은 일자리에 대해서 안정감을 갖고 회사 충성도와 팀워크가 개선될 것입니다.

memo

Q.7

• Could you tell us what supply chain management is?

 A

Supply chain management is management innovation method to optimize total value chain from producer to final customer. Information flow throughout the value chain enables optimization of the whole. For instance, when distributors provide demand forecasting for certain time frame, producer would be able to schedule order for the components and production. This way, producer and distributor gets optimized price and stable supply of the product than acting on their own.

 Q

공급망 관리가 무엇인지 말씀해 주시겠습니까?

A

공급망 관리는 생산자부터 최종 고객까지의 가치사슬을 최적화시키는 경영혁신 기법입니다. 가치사슬 내 정보 흐름은 전체 가치사슬의 최적화를 가능하게 합니다. 예를 들어, 유통업자가 일정기간동안의 수요예측을 제공해주면, 생산자는 부품 주문과 제품 생산 스케줄을 짤 수 있게 됩니다. 이러한 방법으로 독자적으로 행동했을 때보다 생산자와 유통업자는 제품에 대한 가격 최적화와 안정적인 공급을 이룰 수 있습니다.

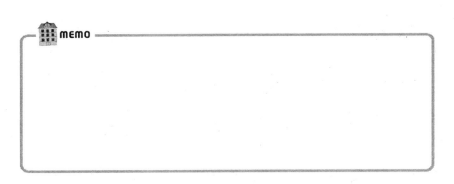

🏛 **MEMO**

Q.8

• What does PPL mean? What do you think about it?

A

PPL is an abbreviation for Product Placement, which means an indirect advertisement in movies or television shows. There are many kinds of advertisements from lipsticks to food that characters eat. PPL has an advantage to making us consider the product familiar and luxurious easily. But it can cause ill-considered purchases because people tend to imitate their favorite stars. As teenagers are lacking in their self-controls, it can become a social problem. Therefore we have to be cautious when we watch TV.

Q

PPL은 무엇인가요? 그것에 대해 어떻게 생각합니까?

A

PPL은 Product Placement의 약자인데, 영화나 TV 쇼 속의 간접 광고를 의미합니다. 립스틱부터 등장인물들이 먹는 것까지 다양한 종류의 광고가 있습니다. PPL은 쉽게 그 상품을 고급스럽고 친숙한 것으로 느끼게 해 준다는 장점이 있습니다. 하지만 사람들은 좋아하는 스타를 흉내 내고 싶어 하는 경향이 있기 때문에 무분별한 구매를 유발할 수 있습니다. 청소년은 자제력이 약하기 때문에 사회 문제가 될 수도 있습니다. 따라서 우리는 TV를 볼 때 경각심을 가져야 합니다.

🏫 mEmO

12

단골출제문제

Q.1

• "날씨가 매우 덥다."를 영어로 나타내시오.

It is very (boiling / scorching) hot.

↪ 날씨와 관련된 표현들
• 날씨가 좋았다.
  It was nice(sunny/fine/clear/lovely).
• 오늘은 꽤 추웠다.
  It was quite cold today.
• 아침에 날씨가 매우 흐렸다.
  It was cloudy in the morning.
• 비가 내리기 시작했다.
  It just started to rain.
• 날씨가 차차 좋아진다.
  The weather is getting better.

Q.2

• "난 지금 매우 떨린다."를 영어로 말해보시오.

• I feeling uneasy now.
• I'm very excited now.
• I feeling so nervous now.

Q.3

• 다음 약자의 원어와 뜻을 말하시오.
IOC, AIDS, SALT, EDPS

A

• IOC : International Olympic Committee
  국제올림픽위원회
• AIDS : Acquired Immune Deficiency Syndrome
  후천성면역결핍증
• SALT : Strategic Arms Limitation Treaty
  전략무기제한협정
• EDPS : Electronic Data Processing System
  전자데이터처리조직

Q.4

• "지금 몇 시입니까?"를 영어로 말해보시오.

A

• What is the time now?
• What time is it now?
• Do you have the time now?
• What time do you have now?
• Can you tell me the time now?

Q.5

• "메시지를 남기시겠습니까?"를 영역하시오.

A

Would you like to leave a message?

Q.6

• 'operate on'의 뜻은 무엇입니까?

A

수술하다

※ operate : 움직이다, 작용을 하다

Q.7

• "나뿐 아니라 내 동생도 수영할 줄 안다."를 영역하시오.

A

My brother as well as I can swim.

※ ~ as well as … : ~와 마찬가지로, ~뿐만 아니라 …도(= not only ~ but also …)

Q.8

• "여름이 왔다."를 영역하시오.

A

Summer has come.

↦ 계절과 관련된 표현들
• 한겨울에 : in the depth of winter
• 여름이 끝나가다 : summer wanes
• 겨울을 나다 : pass the winter
• 여름을 타다 : be susceptible to the summer heat

memo

Q.9

• 'do with'의 뜻을 말하시오.

A

~을 처리하다

↔ 'do with'가 포함된 숙어들
• have to do with : ~와 관계가 있다
• have done with : ~을 마치다, 끝내다
• to do with : (something, nothing, anything 등과 함께 쓰여)~에 관계하다
• make do with : 때우다, 변통해 나가다

Q.10

• 'on behalf of~'의 뜻을 말하시오.

A

~을 대신하여, 대표하여, ~을 위하여

※ =on a person's behalf

Q.11

• 'make use of'의 뜻은 무엇입니까?

A

~을 사용하다, 이용하다

※ make the best use of : 최대한 활용하다

━ MEMO ━

Q.12

• 'take A into account'의 뜻을 말해보시오.

 A

~을 고려하다, 참작하다

※ = take account of

 Q.13

• 'UFO'는 무엇의 약자입니까?

 A

Unidentified flying object의 약자로 '미확인 비행물체'를 뜻한다.

 Q.14

• 'destroy'의 명사형을 말하시오.

A

destruction : 파괴

※ destroy : 파괴하다, 무너뜨리다

 Q.15

• 'conversation'의 동사형은 무엇입니까?

A

converse : 이야기하다, 담화하다

※ conversation : 회화, 담화, 대화

Q.16

• 'reveal'의 명사형은 무엇입니까?

A

revelation, revealment : 폭로, 누설

※ reveal : 드러내다, 폭로하다

 Q.17

• 'device'의 동사형은 무엇입니까?

A

devise : 궁리하다, 고안하다

※ device : 장치, 고안품

Q.18

• 'reverse'의 명사형을 말하시오.

A

reversal : 반전, 역전

※ reverse : 거꾸로 하다, 전환하다

 memo

Q.19

- 우리말을 영어로 나타내시오.
  공무원, 연금, 환율, 여론, 실업

A

- 공무원 : a public servant(employee / official)
- 연금 : an annuity / a pension
- 환율 : the rate of exchange
- 여론 : public opinion
- 실업 : unemployment

Q.20

- 다음 제시된 문장들을 각각 영어로 표현하시오.
  ① 시간을 너무 많이 뺏어서 죄송합니다.
  ② 돈으로 환불해 주셨으면 합니다.
  ③ 빵집이 어디인지 좀 알려주시겠습니까?
  ④ 더할 나위 없이 좋았습니다.
  ⑤ 차 좀 태워주시겠습니까?

A

① I'm sorry to take so much of your time.
② I'd like to get a refund./I'd like to return it for a refund.
③ Could you please direct me to the bakery?
   Can you tell me where the bakery is?
④ It was as good as they come./It couldn't be better.
⑤ Can you give me a ride?

memo

Q.21

• 다음의 제시되는 영어 약자의 원어와 뜻을 말하시오.
PDA, M & A, CEO, ASEM, OEM, OECD, NGO, GATT,
UN, NATO, IMF, P/L, KOSDAQ, ISO, OPEC, WTO, FDA

A

- PDA : Personal Digital Assistant 개인휴대용 정보단말기
- M & A : Mergers and Acquisitions 기업인수·합병
- CEO : Chief Executive Officer 최고경영자
- ASEM : Asia-Europe Meeting 아시아유럽정상회의
- OEM : Original Equipment Manufacturer 주문자상표에 의한 제품생산자
- OECD : Organization for Economic Cooperation and Development
  경제협력개발기구
- NGO : Non-governmental Organization 비정부기구
- GATT : General Agreement on Tariffs and Trade
  관세무역에 관한 일반협정
- UN : United Nations 유럽연합
- NATO : North Atlantic Treaty Organization 북대서양조약기구
- IMF : International Monetary Fund 국제통화기금
- P/L : Profit and Loss 손익계산서
- KOSDAQ : Korea Securities Dealers Automated Quotations 코스닥
- ISO : International Organization for Standardization 국제표준화기구
- OPEC : Organization of Petroleum Exporting Countries
  석유수출국기구
- WTO : World Trade Organization 세계무역기구
- FDA : Food and Drug Administration 식품의약국

memo

• 다음 영어속담의 뜻을 말하시오.
  ① A friend in need is a indeed.
  ② A stitch in times saves nine.
  ③ Well begun is half done.
  ④ Still waters run deep.

A

① 필요로 할 때의 친구가 정말 친구이다.
  (어려울 때 곁에서 도와주고 함께 해주는 친구야말로 진정한 친구라는 뜻)
② 제 때의 한 바늘은 아홉 바늘의 수고를 던다.
  (상황이 진행되어 더 곤란한 것보다 초기에 조금만 수고하는 것이 더
  낫다는 뜻)
③ 시작이 반이다.
  (시작하는 순간 이미 반을 이룬 것이나 마찬가지라는 뜻)
④ 고요한 물이 깊다.
  (겉으로는 조용한 사람이라 해도 그 깊은 속은 알 수 없다는 뜻)

Q.23

• 다음의 제시된 단어를 영어로 표현하시오.
  입법, 봉사, 행정, 탄핵, 민주주의, 회계연도

A

• 입법 : legislation
• 봉사 : service, attendance
• 행정 : administration
• 탄핵 : impeachment, denunciation
• 민주주의 : democracy
• 회계연도 : a fiscal year

Q.24

- 다음 숙어의 뜻을 말하시오.
  ① close call
  ② hang on
  ③ be all thumbs
  ④ try it on
  ⑤ rain check
  ⑥ play it by ear
  ⑦ get in the way
  ⑧ jump to conclusions

A

① 위기일발, 구사일생
   ※ have a close call : 아슬아슬하게 살아나다, 구사일생하다
② 매달리다, (전화상에서) 끊지 않고 기다리다
③ 무디다, 손재주가 전혀 없다
   ※ thumb : 엄지손가락
④ 시험 삼아 해보다
⑤ 경기가 비로 인해 중지될 경우 관람객에게 나누어주는 다음 회의 유효
   표로 '다음 기회'를 뜻한다.
⑥ 일이 되어가는 대로 처신하다
⑦ 방해가 되다
⑧ 속단하다

memo

Q.25

- 다음 문장을 영어로 나타내시오.
  ① 전화 잘못 거셨습니다.
  ② 선택의 여지가 없습니다.
  ③ 비행기 표를 예약하고 싶습니다.
  ④ 몸조심하세요.
  ⑤ 사진 좀 찍어주시겠습니까?
  ⑥ 그곳까지 가는 데 얼마나 걸립니까?
  ⑦ 창문 좀 열어도 될까요?

A

① You've got the wrong number.
② I have no alternative./I have no choice in this matter.
③ I'd like to make a reservation for a flight.
④ Please take care of yourself.
⑤ Would you take my picture, please?
⑥ How long will it take to get there?
⑦ Do you mind if I open the window?

 memo

Q.26

• "뭐 마실 것 좀 드릴까요?"를 영작하시오.

Would you like something to drink?

Q.27

• 'NIMBY'의 원어를 말해보시오.

"Not in my backyard."의 약자로 "내 뒷마당에서는 안 된다."는 의미의 지역이기주의를 뜻한다.

Q.28

• "오늘 날씨가 어떻습니까?"를 영어로 말해보시오.

How is the weather today? / What's the weather like today?

Q.29

• "요즘 어떻게 지내십니까?"를 영어로 표현하시오.

How have you been getting along lately?

Q. 30

• 다음의 원어와 약자를 쓰시오.
IQ, GNP, HDTV, NASA, UNESCO, WHO, YMCA,
APEC, KEDO

A

- IQ : Intelligence Quotient 지능지수
- GNP : Gross National Product 국민총생산
- HDTV : High Definition Television 고화질 텔레비전
- NASA : National Aeronautics and Space Administration 미국항공우주국
- UNESCO : United Nations Educational, Scientific, and
  Cultural Organization 국제연합교육과학문화기구
- WHO : World Health Organization 세계보건기구
- YMCA : Young Men's Christian Association 기독교청년회
- APEC : Asia−Pacific Economic Cooperation 아시아태평양경제협력체
- KEDO : Korean Peninsula Energy Development Organization 한반도에너
  지개발기구

🏢 **memo**

Q.31

- "도와주셔서 정말 감사드립니다."를 영어로 나타내시오.

A

Thank you for helping me.

↔ 감사의 표현
- 그렇게 말씀해 주시니 고맙습니다.
  It's very nice of you to say so.
- 그저 감사할 따름입니다.
  Thank you for everything.
- 어떻게 감사를 드려야 할지 모르겠군요.
  I don't know how to thank you enough.
- 큰 도움이 되었습니다.
  You've been a great help.

 Q.32

- "그 옷은 당신에게 잘 어울립니다."를 영어로 말해보시오.

A

It looks very good on you.

↔ 칭찬의 표현
- 그거 정말 좋은데요.   It's so very nice.
- 당신은 능력이 대단하시군요.   You must be a man of ability.
- 참 잘 어울리시네요.   You look stunning in it.

memo

Q.33

• 'satisfy'의 명사형을 말하시오.

satisfaction : 만족

※ satisfy : 만족시키다

Q.34

• "당신은 매일 운동을 합니까?"를 영어로 표현하시오.

Do you exercise every day?

Q.35

• "아침에 몇 시에 일어납니까?"를 영작하시오.

What time do you get up in the morning?

Q.36

• "이 시계는 얼마입니까?"를 영어로 나타내시오.

How much is this watch?

Q.37

- "돈 좀 빌려주시겠어요?"를 영작하시오.

A

- May I borrow some money?
- Can you lend me some money?

Q.38

- 'breadwinner'의 뜻을 말하시오.

A

집안에서 벌이를 하는 사람, 가장

Q.39

- "부탁 좀 들어주시겠어요?"를 영작하시오.

A

- Could you do me a favor?
- May I ask a favor of you?

↔ 부탁의 표현
- 저 좀 도와주시겠습니까?
  Would you give me a hand?
- 문 좀 열어 주시겠습니까?
  Would you mind opening the door, please?
- 잠깐 시간 좀 내주시겠습니까?
  Could you spare me a few minutes?

Q.40

・다음의 우리말을 영어로 나타내시오.
총리, 보험, 여당, 경영, 정책, 정부

A

- 총리 : the Prime Minister
- 보험 : insurance
- 여당 : the ruling party
- 경영 : management, business
- 정책 : policy
- 정부 : the government

Q.41

・다음 숙어의 뜻을 말하시오.

① the rest of
② at the same time
③ be on it
④ as for me
⑤ to and fro
⑥ dispense with
⑦ by and large
⑧ fall through
⑨ in favor of
⑩ over and above

A

① 나머지, 기타 등등
② 동시에
③ 의욕이 있다, 익숙해있다
④ 나로서는
⑤ 이리저리 움직이는, 동요하는
⑥ ~없이 지내다
⑦ 전반적으로, 대체로
⑧ 실패로 끝나다, 수포로 돌아가다
⑨ ~에 찬성하여
⑩ ~에 더하여

Q. 42

• "여기는 무슨 일이십니까?"를 영어로 말해보시오.

A

What are you doing here?

Q. 43

• 'standard'의 동사형은?

A

standardize : 표준에 맞추다, 규격화하다

※ standard : 표준, 기준

Q. 44

• 'reduce'의 명사형은 무엇입니까?

A

reduction : 축소, 감소

※ reduce : 줄이다, 감소하다

Q. 45

• 'borrow trouble'은 무슨 뜻입니까?

A

쓸데없는 걱정을 하다

실전연습

• What do you think about the possibilities of privacy
  intrusion by camera phone?

카메라 폰에 의한 사생활 침해 가능성에 대해 어떻게 생각합니까?

• Can you tell us how to withdraw money from the bank.

은행에서 돈을 인출하는 방법을 설명해 보시오.

A

Q.3

- What's your major?   Why did you choose that?

Q

당신의 전공은 무엇입니까? 왜 그것을 선택했습니까?

A

Q.4

- Which is more important, membership or leadership?

Q

멤버십과 리더십, 어떤 것이 더 중요합니까?

A

🏢 memo

Q.5

- Do you like sports? What's your favorite sport? Why?

Q

스포츠를 좋아합니까? 당신이 가장 좋아하는 스포츠는 무엇입니까? 왜죠?

A

Q.6

- What kind of dish can you cook best?

Q

당신이 가장 잘 만들 수 있는 요리는 무엇입니까?

A

memo

Q.7

• Please tell me about your memories in your school days.

Q
학창시절에서 기억에 남는 일에 대해 말해보시오.

A

Q.8

• What do you do in your free time?

Q
여가시간에 무엇을 합니까?

A

🏫 memo

Q.9

• Tell me how you've come here.

Q
여기까지 어떻게 왔는지 설명해 보시오.

A

Q.10

• What's your main strength(strong point) or main weakness(weak point)?

Q
당신의 장점과 단점은 무엇입니까?

A

📇 memo

Q.11

- Could you introduce yourself for me?

Q

자기소개를 해보시겠습니까?

A

Q.12

- What starting salary would you expect?

Q

초봉은 어느 정도로 기대하십니까?

A

🏠 memo

Q.13

• What do you know about our company?

Q

우리 회사에 대해 어떤 것을 알고 있습니까?

A

Q.14

• Tell me about the names of cocktails as many as you know.

Q

칵테일의 이름을 아는 대로 말해보시오.

A

мемо

Q.15

• Have you ever had a part-time job before?

Q 전에 아르바이트를 해 본 적이 있습니까?

A

Q.16

• What is your ideal image of a woman?

Q 당신이 생각하는 이상적인 여성상은?

A

memo

Q.17

• How do you explain Seoul to a foreigner?

Q

외국 사람에게 서울을 어떻게 설명하겠습니까?

A

Q.18

• What are you looking for in our company?

Q

우리 회사에서 무엇을 얻고자 합니까?

A

🏢 **memo**

Q.19

• Would you consider yourself a born leader?

Q
당신은 타고난 리더라고 생각하십니까?

A

Q.20

• If you had a choice, would you prefer working alone or on a team?

Q
당신이 선택할 수 있다면 혼자서 일하는 것이 더 좋습니까, 아니면 팀의 일원으로서 일하는 것이 더 좋습니까?

A

memo

Q.21

- Why should I hire you?

Q

왜 우리가 당신을 고용해야 합니까?

A

Q.22

- Have you ever been fired and why?

Q

만약 해고당한 적이 있다면, 이유는?

A

memo

Q.23

- Do you have any questions?

Q

다른 궁금한 사항이 있습니까?

A

Q.24

- What made you decide to apply for this company?

Q

이 회사에 지원하기로 결심하게 된 이유가 무엇입니까?

A

memo

부록1

시사용어

- **가면현상**(Imposter phenomenon)
  사회적으로 인정받는 지위와 신분에 있는 사람이 자신은 가면을 쓰고 있다는
  망상에 시달리는 현상

- **게리맨더링**(Gerrymandering)
  선거구를 특정 정당이나 후보자에게 유리하게 인위적으로 확정하는 것

- **게이트키핑**(Gate keeping)
  사회적 사건이 매스미디어를 통해 대중에게 전달되기 전에 미디어 기업 내부
  의 각 부문에서 취사선택하고 검열하는 것

- **경기동향지수**(DI;Diffusion Index)
  경기변동요인이 경제의 특정 부문에서 나타나 점차 경제 전반에 확산·파급
  되어가는 과정을 파악하기 위해 경기변동과 밀접한 관계가 있는 주요 지표의
  움직임을 종합하여 경기를 측정·예측하는 수단

- **기업어음**(CP;Commercial Paper)
  기업의 자금조달을 위해 발행하는 것으로 90일 이상의 무보증어음

- **교차투표**(Cross voting)
  국회에서 의원들이 표결할 때 소속정당의 당의(黨意)에 구애됨이 없이 자의
  (自意)에 따라 투표하는 것

- **글로보보스**(Globobos)
  globe(지구)와 boss(우두머리)의 합성어로 세계화 감각을 맞춘 최고 경영자
  (CEO)를 뜻하는 말

- **대차대조표**(B/S;Balance Sheet)
  일정한 시점에 있어서 기업의 재정상태를 명백히 나타내기 위하여 작성하는
  자산, 부채 및 자본상태의 일람표

- **리보**(LIBOR;London Inter-bank Offered Rates)
  런던금융시장에서 이루어지는 은행 간의 대출에 적용되는 금리

- **모라토리엄**(Moratorium)
  경제환경이 극도로 불리해 대외채무의 정상적인 이행이 불가능 할 때 파산 또는 신용의 파탄을 방지하기 위해 취해지는 긴급적인 조치로 일정기간동안 채무의 상환을 연기시키는 조치

- **베블렌효과**(Veblen effects)
  허영심에 의해 수요가 발생하는 것으로, 가격이 상승한 소비재의 수요가 오히려 증가하는 현상

- **벤치마킹**(Bench marking)
  주변에서 뛰어나다고 생각되는 상품이나 기술을 선정하여 자사(自社)의 생산방식에 합법적으로 근접시키는 경영기법

- **부메랑효과**(Boomerang effect)
  선진국이 후진국에 대하여 제공한 경제원조나 자본투자결과 그 생산제품이 현지 시장수요를 초과하게 되어 선진국에 역수출됨으로써 선진국의 당해 산업과 경합하게 되는 것

- **분식회계**(Window dressing settlement)
  기업이 회사의 실적을 좋게 보이기 위해 고의로 자산이나 이익 등을 크게 부풀려 회계장부를 조작하는 것

- **브레인풀제**(Brain pool system)
  박사학위를 취득한 후 2년 이상 관련 분야에서 교육·연구분야에 종사한 우수한 인력을 초빙해 각 대학에 연결, 취업하도록 하는 제도

- **블루존**(Blue zone)
  청소년들이 안전하게 활동할 수 있도록 설정된 안전지대

- **비관세장벽**(NTB;Non-Tariff Barriers)
  정부가 국산품과 외국품을 차별하여 수입을 억제하려는 정책일반, 관세 이외의 방법

- **비정부기구**(NGO;Non-Governmental Organization)
  지역, 국가, 국제적으로 조직된 자발적인 비영리시민단체

- **사보타지**(Sabotage)
  태업. 파업과는 달리 출근을 하여 정상근무를 하는 것처럼 보이나 실제로는 완만한 작업태도로 기업주에게 손해를 주어 요구조건을 관철시키려는 쟁의의 한 수단

- **사이버슬래킹**(Cyber slacking)
  업무시간에 인터넷과 이메일 등 업무를 위해 설치한 정보인프라를 개인적 용도로 이용하면서 업무를 등한시하는 행위

- **사회지표**(SI;Social Indicator)
  복지수준을 측정하는 지표

- **세이프가드**(Safe guard)
  수입이 급증해서 국내의 경쟁업계에 중대한 손해를 입히거나 입힐 우려가 있다고 판단되는 경우 발동할 수 있는 긴급수입제한조치

- **셋톱박스**(Set top box)
  웹 검색이나 이메일 같은 기본 소프트웨어를 운영하는 디지털 위성방송용 수신장비

- **섀도캐비닛**(Shadow Cabinet)
  각료후보로 조직된 내각으로, 야당에서 정권을 잡는 경우를 예상하여 조직되는 것

- **소셜덤핑**(Social dumping)
  '사회적 희생에 의한 덤핑'이란 뜻으로, 해외시장에서 타국의 생산품을 압도하는 낮은 가격으로 투매하는 것

- **소셜워커**(Social worker)
  수용시설의 현장에서 시설운영자와 수용자 사이에 제도적으로 개입해 예산지원 당국의 감독을 대신하고 수용자의 인권과 법적 불이익을 대변·옹호하는 자격인인 사회복지사

- **스핀닥터**(Spin doctor)
  특정 정치인이나 고위관료의 최측근에서 대변인 구실을 하는 사람

- **신용장**(L/C;Letter of Credit)
  은행이 특정인에게 일정한 기간·범위 안에서의 금액을 자기은행이나 자기가 지정한 은행 앞으로 어음을 발행하는 권한을 부여하는 보증장

- **실질국민총소득**(GNI;Gross National Income)
  생산 활동을 통해 획득한 소득의 실질구매력을 반영하는 소득지표

- **아웃소싱**(Outsourcing)
  제품생산, 유통, 포장, 용역 등을 하청기업에 발주하거나 외주를 주어 기업 밖에서 필요한 것을 조달하는 방식

- **양허관세**(Bounded tariffs)
  다자간 협상을 통해 국제적으로 공인된 관세

- **어닝 서프라이즈**(Earning surprise)
  기업의 실적이 예상보다 크게 개선되어 주가가 상승세를 추가로 이어가는 경우

- **애그플레이션**(Agflation)
  농업과 인플레이션의 합성어로서 곡물가격 상승이 식품의 전반을 상승시켜 결국 농산물 가격이 인플레이션을 유발하는 현상

- **애드호크라시**(Adhocracy)
  목적달성을 위해 조직이 편성되었다가 일이 끝나면 해산하는 일시적인 조직

- **액세스권**(Right of Access)
  국민이 자신의 사상이나 의견을 발표하기 위해 언론매체에 자유로이 접근하여 이용할 수 있는 권리로 매체접근권이라고도 함

- **에듀넷**(Edunet)
  컴퓨터를 통해 각종 교육관련 정보를 제공하는 국내 최초의 교육정보 종합서비스 시스템

- **엠바고**(Embargo)
  시한부 보도중지로 본래의 뜻은 수출금지이나, 언론에서는 어떤 뉴스기사나 보도를 일정시간까지 유보하는 것을 말함

- **오픈프라이스제**(Open price system)
  최종 판매업자가 제품의 가격을 표시해 제품가격의 투명성을 높이는 제도

- **옴부즈만제도**(Ombudsman System)
  행정감찰전문인제도로 행정이 합법적이고 합목적적으로 수행되고 있는가를 직권 또는 신청에 따라 조사하여 감찰하는 행정감찰제도

- **유니언숍**(Union shop)
  회사와 노동조합의 협정에 의해 일단 채용된 노동자는 일정한 기간 내에 의무적으로 조합에 가입해야 하는 제도

- **워킹홀리데이**(Working holiday)
  해외여행중인 젊은이가 방문국에서 특별히 일할 수 있도록 허가받는 제도

- **자유무역협정**(FTA;Free Trade Agreement)
  양국 간에 관세와 비관세를 포함한 모든 무역장벽을 허물어 자유무역을 하자는 쌍무협정교역에 관한 한 사실상 하나의 시장처럼 거래를 하자는 것

- **지하경제**(Underground economy)
  사채놀이, 부동산, 전매행위, 계 등 정부가 그 실태를 파악하지 못하고 있어서 과세대상에서 제외되는 경제활동분야

- **총부채상환비율**(DTI;Debt To Income)
  주택담보대출을 받을 때 연간 상환해야 하는 금액을 연 소득의 일정비율로 제한 한 것

- **최고경영자**(CEO;Chief Executive Officer)
  미국 대기업의 최고의사결정권자로 우리나라의 대표이사와 같은 의미

- **최초공모**(IPO;Initial Public Offering)
  주식회사가 증권거래소나 코스닥시장에 상장 또는 등록하기 위해 일반인을 대상으로 새로 발행한 주식을 모집하는 것

- **최혜국대우**(MFN;Most-favored-nation treatment)
  제3국에 부여하는 조건보다 불리하지 않는 대우를 해준다고 하는 국가 간의 협정

- **캐스팅보트**(Casting vote)
  의회의 표결에 있어서 가부동수(可否同數)인 경우 의장이 던지는 결정권 투표나, 2대 정당의 세력이 거의 같을 때 그 승패를 결정하는 제 3당의 투표

- **코쿠닝**(Cocooning)
  가정을 중시하고 사적 영역의 장점을 차분히 재음미함으로써 가정을 재창조해 이를 소중히 여기는 현상

- **텔레데모크라시**(Tele-democracy)
  새로운 커뮤니케이션 미디어를 통해 이루어지는 민주주의

- **트리플위칭데이**(Triple witching day)
  주가지수선물, 주가지수옵션, 개별주식옵션의 만기가 동시에 겹치는 날로 3개의 주식파생상품의 만기가 겹쳐 어떤 변화가 일어날 지 아무도 예측할 수 없어 혼란스럽다는 의미에서 생긴 말

- **패러디**(Parody)
  원작을 풍자적으로 비평하거나 익살스럽게 하기 위해 문체, 어구 등을 흉내 낸 작품

- **패리티가격**(Parity price)
  농산물가격을 결정함에 있어서 생활비로부터 산출해 내지 않고 공산품 가격과 서로 균형을 유지하도록 뒷받침해 주는 가격

부록2

영어좌우명

- Whatever is worth doing at all, is worth doing well.
  무엇이라도 할 만한 가치가 있는 것이라면 잘 할 가치가 있다.

- A sound mind in a sound body.
  건강한 몸에 건강한 정신이 깃든다.

- Don't(Never) put off for tomorrow what you can do today!
  오늘 할 일을 내일로 미루지 말라.

- As ones sows, so shall he reap.
  뿌린 만큼 거둔다.

- A moment's insight is sometimes worth a life's experience.
  한순간의 판단은 때로 평생의 경험과 맞먹을 만큼의 가치가 있다.

- Where there is a will, there is a way.
  뜻이 있는 곳에 길이 있다.

- Nothing is more amiable than true modesty, and nothing more contemptible than the false. The one guards virtue, the other betrays it.
  참된 겸손만큼 존경할 만한 것은 없다. 그러나 겉치레뿐인 겸손만큼 경멸해야 하는 것도 없다.

- Life is a succession of lessons which must be lived to be understood.
  인생이란 우리들이 이 세상에 살면서 몸으로 배우지 않으면 안 되는 교훈의 연속이다.

- He knows not his own strength that hath not met adversity.
  역경에 부딪쳐서 고난을 극복해 본 적이 없는 사람은 자기 자신의 참된 능력을 알지 못한다.

- A man who is master of himself can end a sorrow as easily as he can invent a pleasure.
  자신을 이길 수 있는 사람은 기쁨을 꾸며낼 수 있듯 슬픔의 감정 또한 쉽게 끝낼 수 있는 사람이다.

- Early birds catch the worms.
  일찍 일어나는 새가 벌레를 잡는다.

- A rolling stone gathers no moss.
  구르는 돌에는 이끼가 끼지 않는다(한 우물을 파라 → 직업을 자주 바꾸면 재물이 모이지 않음).

- God helps those who help themselves.
  하늘은 스스로 돕는 자를 돕는다.

- Everything comes to those who wait.
  기다리는 자에게 기회가 온다.

- Make hay while the sun shines.
  해가 비추는 동안에 건초를 말려라(기회를 놓치지 마라).

- Opportunity seldom knocks twice.
  기회는 좀처럼 두 번 문을 두드리지 않는다(기회는 왔을 때 잡아라).

- A man can not be comfortable without his own approval.
  사람은 진정한 자신의 진가를 깨닫지 못하면 스스로에게 만족할 수 없다.

- Patience accomplishes its object, while hurry speeds to its ruin.
  인내는 우리의 목적을 달성시키지만, 성급은 자멸의 길로 치닫게 한다.

- In for a penny, in for a pound.
  한 번 시작한 일은 끝장을 내라.

- Think of the end before you begin.
  시작하기 전에 끝을 생각하라.

- No sweat, no sweet.
  땀 없는 달콤함은 없다(노력 없이는 결실을 맺을 수 없음).

- The awareness of our own strength makes us modest.
  자신의 능력을 인식하는 것이 곧 자신을 겸손하게 만드는 것이다.

- If at first you don't succeed, try, try again.
  만약 네가 첫 번째에 성공 못한다면 또다시 시도하라.

- Nothing sought, nothing found.
  구하는 것이 없으면, 찾는 것도 없다.

- Let bygones be bygones.
  지나간 일은 지난 일이게끔 내버려둬라(과거의 허물을 탓하지 말라).

- Self-reflection is the school of wisdom.
  자기 반성은 지혜를 배우는 학교이다.

- He that knows himself knows others.
  자기를 아는 사람만이 남을 안다

- Wise men learn by others'harms, fools scarcely by their own.
  현명한 사람은 남의 실패를 자신의 교훈으로 받아들일 줄 알지만 어리석은 사람은 자신의 실패를 보고서도 교훈을 생각할 줄 모른다.

- Honesty is the best policy.
  정직은 최선의 정책이다.

- Time and tide waits for no man.

  세월은 사람을 기다리지 않는다.

- Actions speak louder than words.

  행위는 말보다 더 크게 말한다(말보다 행동이 중요함).

- Without justice, courage is weak.

  정의심이 없는 용기는 나약하기 짝이 없다.

- Prevention is better than cure.

  예방이 치료보다 낫다(유비무환).

- Knowledge is power.

  지식은 곧 힘이다.

- Honest labour bears a lovely face.

  정직한 노동이 사랑스러운 얼굴을 만든다.

- A man is known by the company his mind keeps.

  사람의 품성은 마음이 어우러지는 친구, 즉 책을 통해서 알 수 있다.

- The best preparation for good work tomorrow is to do good work today.

  내일의 일을 훌륭하게 하기 위한 최선의 준비는 바로 오늘 일을 훌륭하게 완수하는 것이다.

- Where there is no hope there can be no endeavour.

  희망이 없으면 노력도 없다.

- Today is the first day of the rest of your life.

  오늘은 당신의 남은 인생의 첫 번째 날이다.

- Diligence is the mother of good luck.

  근면은 행운의 어머니이다.

- Never let your memories be greater than your dreams.

  과거에 만족하기보다 꿈을 더 크게 가져라.

- Success is never a destination—it is a journey.

  성공은 종착점이 아니라 여정이다.

- If you would be loved, love and be lovable.

  사랑받고 싶으면 먼저 사랑하라. 그리고 사랑스러워져라.

- Good judgement comes from experience, and experience comes from bad judgement.

  훌륭한 판단력은 경험에서 우러나오고, 경험은 그릇된 판단에서 얻어진다.

- Perhaps the worst sin in life is knowing right and not doing it.

  인생에서 최악의 죄는 무엇이 옳은지 알면서도 행하지 않는 것이다.

- Ask, and it will be given you;seek, and you will find;knock, and it will be opened to you.

  구하라. 그러면 주어질 것이다. 찾아라. 그러면 얻을 것이다. 두드려라. 그러면 열릴 것이다.

- The future depends on what we do in the present.

  미래는 현재 우리가 무엇을 하고 있는가에 달려있다.

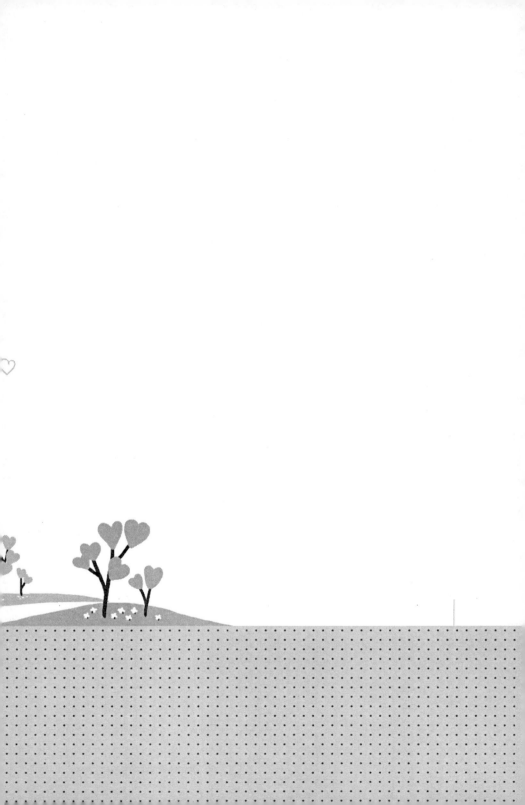

부록3

각 기관별 영문명

01 교통기관

• 대한항공	Korean Air
• 아시아나항공	Asiana Airlines
• 한국철도공사	Korea Railroad Corporation
• 서울교통공사	Seoul Metro
• 한국공항공사	Korea Airports Corporation
• 인천국제공항	Incheon International Airport

02 국회 상임위원회 및 특별위원회

• 국회운영위원회	House Steering Committee
• 법제사법위원회	Legislation & Judiciary Committee
• 정무위원회	National Policy Committee
• 기획재정위원회	Strategy & Finance Committee
• 교육위원회	Education Committee
• 과학기술정보방송통신위원회	Science, ICT, Broadcasting & Communications Committee
• 외교통일위원회	Foreign Affairs & Unification Committee
• 국방위원회	National Defense Committee
• 행정안전위원회	Public Administration & Security Committee
• 문화체육관광위원회	Culture, Sports & Tourism Committee
• 농림축산식품해양수산위원회	Agriculture, Food, Rural Affairs, Oceans & Fisheries Committee
• 산업통상자원중소벤처기업위원회	Trade, Industry, Energy, SMEs & Startups Committee
• 보건복지위원회	Health & Welfare Committee
• 환경노동위원회	Environment & Labor Committee
• 국토교통위원회	Land Infrastructure & Transport Committee
• 정보위원회	Intelligence Committee

- 여성가족위원회   Gender Equality & Family Committee
- 예산결산특별위원회   Special Committee on Budget & Accounts
- 윤리특별위원회   Special Committee on Ethics
- 특별위원회   Special Committee

03 중앙행정기관

- 대통령비서실   Office of the President
- 국가안보실   Office of National Security
- 대통령경호처   Presidential Security Service
- 개인정보보호위원회   Personal Information Protection Committee
- 국가인권위원회   National Human Rights Commission of Korea
- 감사원   The Board of Audit and Inspection of Korea
- 국가정보원   National Intelligence Service
- 방송통신위원회   Korea Communications Commission
- 국가안전보장회의   National Security Council
- 민주평화통일자문회의   The National Unification Advisory Council
- 국민경제자문회의   National Economic Advisory Council
- 국가과학기술자문회의   Presidential Advisory Council on Science & Technology
- 국무조정실   The Office for Government Policy Coordination
- 국무총리비서실   Prime Minister's Secretariat
- 국가보훈처   Ministry of Patriots & Veterans Affairs
- 인사혁신처   Ministry of Personnel Management
- 법제처   Ministry of Government Legislation
- 식품의약품안전처   Ministry of Food & Drug Safety
- 공정거래위원회   Fair Trade Commission
- 금융위원회   Financial Services Commission
- 국민권익위원회   Anti · Corruption & Civil Rights Commission
- 원자력안전위원회   Nuclear Safety & Security Commission
- 기획재정부   Ministry of Economy & Finance

• 국세청	National Tax Service
• 관세청	Korea Customs Service
• 조달청	Public Procurement Service
• 통계청	Statistics Korea
• 교육부	Ministry of Education
• 과학기술정보통신부	Ministry of Science & ICT
• 외교부	Ministry of Foreign Affairs
• 통일부	Ministry of Unification
• 법무부	Ministry of Justice
• 검찰청	Prosecution Service
• 국방부	Ministry of National Defense
• 병무청	Military Manpower Administration
• 방위사업청	Defense Acquisition Program Administration
• 행정안전부	Ministry of the Interior & Safety
• 경찰청	Korean National Police Agency
• 소방청	National Fire Agency 119
• 문화체육관광부	Ministry of Culture, Sports & Tourism
• 문화재청	Cultural Heritage Administration
• 농림축산식품부	Ministry of Agriculture, Food & Rural Affairs
• 농촌진흥청	Rural Development Administration
• 산림청	Korea Forest Service
• 산업통상자원부	Ministry of Trade, Industry & Energy
• 특허청	Korea Intellectual Property Office
• 보건복지부	Ministry of Health & Welfare
• 질병관리청	Korea Disease Control and Prevention Agency
• 환경부	Ministry of Environment
• 기상청	Korea Meteorological Administration
• 고용노동부	Ministry of Employment & Labor
• 여성가족부	Ministry of Gender Equality & Family
• 국토교통부	Ministry of Land, Infrastructure, & Transport
• 행정중심복합 도시건설청	National Agency for Administrative City Construction

• 새만금개발청	Saemangeum Development and Investment Agency
• 해양수산부	Ministry of Oceans and Fisheries
• 해양경찰청	Korea Coast Guard
• 중소벤처기업부	Ministry of SMEs and Startups

04 정부투자기관 및 기타 공공기관

• 국민연금공단	NPS ; National Pension Service
• 한국산업인력공단	Human Resources Development Service of Korea
• 한국에너지공단	Korea Energy Agency
• 근로복지공단	KCOMWEL ; Korea Workers' Compensation & Welfare Service
• 한국장애인고용공단	KEAD ; Korea Employment Agency for Persons with Disabilities
• 중소벤처기업진흥공단	KOSMES ; Korea SMEs & Startups Agency
• 한국언론진흥재단	KPF ; Korean Press Foundation
• 한국연구재단	NRF ; National Research Foundation of Korea
• 한국관광공사	KTO ; Korea Tourism Organization
• 한국전력공사	KEPCO ; Korea Electric Power Corporation
• 한국도로공사	EX ; Korea Expressway Corporation
• 한국가스공사	KOGAS ; Korea Gas Corporation
• 한국농어촌공사	Korea Rural Community Corporation
• 한국수자원공사	K-Water ; Korea Water Resources Corporation
• 한국석유공사	KNOC ; Korea National Oil Corporation
• 한국국토정보공사	LX ; Korea Land & Geospatial Informatix Coporation
• 대한적십자사	Korean National Red Cross
• 한국토지주택공사	LH ; Korea Land & Housing Corporation
• 한국농수산식품유통공사	Korea Agro-Fisheries & Food Trade Corporation

• 한국무역보험공사	KSURE ; Korea Trade Insurance Corporation
• 한국광물자원공사	KORES ; Korea Resource Corporation
• 대한무역투자진흥공사	KOTRA ; Korea Trade Investment Promotion Agency
• 한국거래소	KRX ; Korea Exchange
• 대한상공회의소	The Korea Chamber of Commerce & Industry
• 에너지경제연구원	KEEI ; Korea Energy Economics Institute
• 한국전자기술연구원	KETI ; Korea Electronics Technology Institute
• 대한상사중재원	KCAB ; Korean Commercial Arbitration Board
• 한국예탁결제원	KSD ; Korea Securities Depository
• 한국산업기술시험원	KTL ; Korea Testing Laboratory
• 한국소비자원	KCA ; Korea Consumer Agency
• 환경운동연합	KFEM ; Korean Federation for Environmental Movement
• 중소기업중앙회	KBIZ ; Korea Federation of Small and Medium Business
• 농업협동조합	NACF ; National Agricultural Cooperative Federation
• 수산업협동조합	National Federation of Fisheries Cooperatives
• 한국수출입은행	KEXIM ; The Export-Import Bank of Korea
• 대한체육회	Korean Sport & Olympic Committee
• 한국도서관협회	KLA ; Korean Library Association
• 금융투자협회	KOFIA ; Korea Financial Investment Association
• 한국정보통신진흥협회	KAIT ; Korea Association for ICT Promotion
• 한국무역협회	KITA ; Korea International Trade Association
• 환경보전협회	KEPA : Korean Environmental Preservation Association

• 한국표준협회	KSA ; Korean Standards Association
• 손해보험협회	Geneal Insurance Association of Korea
• 한국전자정보통신 산업진흥회	KEA ; Korea Electronics Association

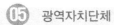 **광역자치단체**

• 서울특별시	Seoul Metropolitan Government
• 부산광역시	Busan Metropolitan City
• 인천광역시	Incheon Metropolitan City
• 대구광역시	Daegu Metropolitan City
• 대전광역시	Daejeon Metropolitan City
• 울산광역시	Ulsan Metropolitan City
• 광주광역시	Gwangju Metropolitan City
• 경기도	Gyeonggi-do
• 강원도	Gangwon-do
• 충청남도	Chungcheongnam-do
• 충청북도	Chungcheongbuk-do
• 전라남도	Jeollanam-do
• 전라북도	Jeollabuk-do
• 경상남도	Gyeongsangnam-do
• 경상북도	Gyeongsangbuk-do
• 제주도	Jeju-do

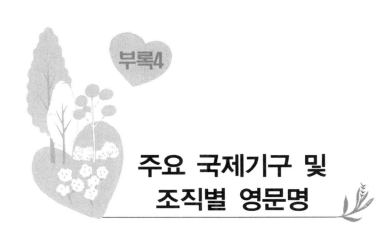

부록4

주요 국제기구 및
조직별 영문명

주요 국제기구 및 조직별 영문명

- 경제협력개발기구　　　　OECD ; Organization for Economic
　　　　　　　　　　　　Cooperation and Development
- 관세 및 무역에 관한　　　GATT ; General Agreement on Tariffs
　일반협정　　　　　　　　and Trade
- 국제금융공사　　　　　　IFC ; International Finance Corporation
- 국제농업개발기금　　　　IFAD ; International Fund for
　　　　　　　　　　　　Agricultural Development
- 국제연합　　　　　　　　UN ; United Nations
- 국제연합교육과학문화기구 UNESCO ; United Nations Educational,
　　　　　　　　　　　　Scientific and Cultural Organization
- 국제연합아동기금　　　　UNICEF ; United Nations Children's Fund
- 국제연합안전보장이사회　UNSC ; United Nations Security Council
- 국제올림픽위원회　　　　IOC ; International Olympic Committee
- 국제원자력기구　　　　　IAEA ; International Atomic Energy
　　　　　　　　　　　　Agency
- 국제노동기구　　　　　　ILO ; International Labor Organization
- 국제민간항공기구　　　　ICAO ; International Civil Aviation
　　　　　　　　　　　　Organization
- 국제부흥개발은행　　　　IBRD ; Internatioal Bank for
　　　　　　　　　　　　Reconstruction and Development
- 국제통화기금　　　　　　IMF ; International Monetary Fund
- 국제표준화기구　　　　　ISO ; International Organization for
　　　　　　　　　　　　Standardization
- 국제형사경찰기구　　　　ICPO ; International Criminal Police
　(Interpol)　　　　　　　Organization
- 만국우편연합　　　　　　UPU ; Universal Postal Union
- 미국식품의약국　　　　　FDA ; Food and Drug Administration
- 미주기구　　　　　　　　OAS ; Organization of American States
- 바르샤바조약기구　　　　WTO ; Warsaw Treaty Organization

• 북대서양조약기구	NATO ; North Atlantic Treaty Organization
• 석유수출국기구	OPEC ; Organization of Petroleum Exporting Countries
• 세계기상기구	WMO ; World Meteorological Organization
• 세계무역기구	WTO ; World Trade Organization
• 세계보건기구	WHO ; World Health Organization
• 아시아개발은행	ADB ; Asian Development Bank
• 아시아유럽정상회의	ASEM ; Asia Europe Meeting
• 아시아태평양경제협력체	APEC ; Asia-Pacific Economic Cooperation
• 아프리카통일기구	OAU ; Organization of African Unity
• 우루과이라운드	Uruguay Round
• 유럽공동체	EC ; European Community
• 유럽연합	EU ; European Union
• 이슬람제국회의기구	Organization of the Islamic Conference
• 전략무기제한협정	SALT ; Strategic Arms Limitation Talks
• 팔레스타인해방기구	PLO ; Palestine Liberation Organization
• 한미행정협정	SOFA ; The ROK-US Agreement on Status of Force in Korea
• 한반도에너지개발기구	KEDO ; Korean Peninsula Energy Development Organization

부록5

학문별 · 직책별 ·
부서별 영문명

• 국문학부	the department of Korean literature
• 사학부	the history department
• 교양학부	the faculty of arts
• 전기통신학부	the department of telecommunication
• 경제학부	the faculty of economics
• 정치학부	the faculty of political science
• 법학부	the faculty of jurisprudence
• 공학부	the department of technology
• 국문학과	the Korean literature course
• 영문학과	the department of English literature
• 교육학과	the department of education
• 정치외교학과	the department of political science and diplomacy
• 사회학과	the department of sociology
• 신문방송학과	the department of mass communication
• 경제학과	the department of economics
• 경영학과	the department of business administration
• 화학과	chemistry department
• 식품영양학과	the department of food and nutrition
• 행정학	public administration
• 심리학	psychology
• 일본학	Japanology
• 경영학	business administration
• 경제학	economics
• 경영경제학	business economics
• 회계학	accounting
• 기계학	mechanics
• 환경공학	environmental engineering

• 생물정보학	bioinformatics
• 건축학	architectonics
• 전자공학	electronics
• 전자핵공학	nucleonics
• 금속공학	metal engineering
• 공예학	technology
• 물리학	physics
• 생물공학	biotechnology
• 화학공학	chemical engineering
• 음악학	musicology
• 연극학	dramatics
• 스포츠의학	sports medicine

02 직책별 영문명

• 회장	Chairman
• 부회장	Vice-chairman
• 사장	President
• 부사장	Vice-president
• 이사	Director
• 전무(이사)	Excutive Director
• 상무(이사)	Managing Director
• 실장	General Manager
• 부장	Department Manager
• 차장	Deputy Chief
• 과장	Section Chief
• 대리	Assistant Section Chief
• 주임	Supervisor
• 비서	Secretary

• 본사	Head office
• 지사	Branch office
• 인사부	Personnel Department
• 총무부	General Affairs Department
• 영업부	Sales Department
• 홍보부	Public Relations Department
• 기획부	Planning Department
• 회계부	Accounting Department
• 마케팅사업부	Marketing Business Department
• 네트워크사업부	Network Business Department
• 개발팀	R & D Team(Research & Development Team)
• 관리팀	Management Team
• 고객관리팀	Customer Management Team
• 경영지원팀	Management Support Team
• 경영관리팀	General Management Team
• 경영개선팀	Management Improving Team
• 기술지원팀	Technical Support Team
• 기계영업팀	Machinery Sales Team
• 마케팅팀	Marketing Team
• 설계팀	Design Team
• 소프트웨어팀	S/W Team(Software Team)
• 생산팀	Production Team
• 생산관리팀	Manufacturing Management Team
• 인터넷사업팀	Internet Department
• 전략기획팀	Strategic Planning Team
• 전자상거래팀	E-Commerce Team
• 제작팀	Manufacturing Team
• 품질관리팀	Quality Control Team
• 해외사업팀	International Development Team

M · E · M · O

M·E·M·O